# ARIANO SUASSUNA

João Pessoa - PB,
26 VII 2007

ADRIANA VICTOR
JULIANA LINS

# ARIANO SUASSUNA

## •••• Um Perfil Biográfico

ZAHAR
Jorge Zahar Editor
Rio de Janeiro

Jorge Zahar Editor Ltda.
rua México 31 sobreloja
20031-144 Rio de Janeiro, RJ
tel.: (21) 2108-0808 / fax: (21) 2108-0800
e-mail: jze@zahar.com.br
site: www.zahar.com.br



Projeto gráfico e composição: Mari Taboada
Capa: Miriam Lerner

CIP-Brasil. Catalogação-na-fonte
Sindicato Nacional dos Editores de Livros, RJ.

---

Victor, Adriana
V686a Ariano Suassuna : um perfil biográfico / Adriana Victor, Juliana Lins. – Rio de Janeiro: Jorge Zahar Ed., 2007.
il., retrs.

Anexos: Leituras fundamentais de Ariano Suassuna; Seleção de obras
Inclui bibliografia
ISBN 978-85-7110-989-6

1. Suassuna, Ariano, 1927. 2. Escritores brasileiros – Biografia. I. Lins, Juliana, 1972-. II. Título.

CDD: 928.699
07-1324 CDU: 929:869.93

---

# SUMÁRIO

Para Lucas, Tiago, Tomás e Thales,
filhos de amor e coração.

**ADRIANA VICTOR**

Para André, meu Príncipe, meu Encanto,
que me protege e me guia.

**JULIANA LINS**

# AGRADECIMENTOS

Muito obrigada!

À família Pimentel, em especial às Marias da Glória e de Fátima, igualmente mães de nós duas, pelo amor imenso herdado e partilhado.

A Ricardo, por tudo, por tanto.

A André, por nos dar de presente a idéia deste livro.

A Zélia e Ariano Suassuna, por terem aberto para nós as portas da casa, da vida e do coração.

# 1

# O Devorador de Livros

O Sertão é um lugar grandioso. Os olhos se espalham porque sempre há muito para se ver: muita terra, muitas pedras, muita vegetação, muito céu azul-forte, quase o ano inteiro. Aqui e ali, em meio a espaços imensos, lugarejos salpicam a paisagem. São cidadezinhas sertanejas, onde vivem as pessoas do interior do Nordeste do Brasil. Nesses lugares, sempre há uma praça, uma ou algumas igrejas, casas enfileiradas nas ruas que são poucas. Assim é Taperoá, Sertão dos Cariris Velhos da Paraíba.

Nos anos 1930, em uma das casas da vila, um menino passava muitas horas sozinho num quarto grande, onde quatro das cinco camas estavam desocupadas. Elas eram dos irmãos mais velhos, Saulo, João, Lucas e Marcos, que estudavam no Recife, capital do estado vizinho, Pernambuco, e só nas férias voltavam para casa. Durante a maior parte do ano apenas a cama de Ariano era ocupada – à noite

*Muita terra, muitas pedras, muita vegetação.*

para o sono, de dia para as leituras. Ler deitado seria um hábito que o menino paraibano cultivaria por toda a vida. A cada página lida, um pedacinho dela era arrancado e levado à boca. Nascia então um legítimo devorador de livros.

Ariano Vilar Suassuna sempre chamou Taperoá de "minha terra". Porque este é um nome que se dá a lugares onde vive a família, onde há a sensação de estar-se em casa e, principalmente, é como se chama aquele pedaço do mundo de que gostamos mais do que todos os outros. Existem duas formas de se contar o tempo que Ariano morou na cidade: entre seis e dez anos de idade, ele pouco saía da vila sertaneja; e dos dez aos 15 ainda estava lá a sua casa, que era também de sua mãe e de seus irmãos, mas o colégio interno, no Recife, era onde passava a maior parte do tempo.

*Ariano em 1928.*

O lugar de nascimento foi longe do Sertão, na capital da Paraíba, uma terra muito mais molhada, à beira-mar, hoje chamada de João Pessoa. Na época, a capital tinha o mesmo nome do estado. Já havia sido Nossa Senhora das Neves e também Frederica, denominação que recebeu no século XVII, durante a ocupação holandesa.

Em 16 de junho de 1927, João Urbano Pessoa de Vasconcelos Suassuna era presidente da Paraíba – o que hoje corresponde ao governador de um estado – quando teve o oitavo de seus nove filhos com Rita de Cássia Dantas Vilar. O parto aconteceu no Palácio da Redenção, sede do governo paraibano. O imponente prédio foi fundado no século XVI por padres jesuítas para servir de residência aos religiosos e colégio. O pai pensou em chamar o menino de Pedro, mas mudou de idéia porque acabara de conhecer a his-

*Rita de Cássia e João Suassuna, pais de Ariano.*

*Ariano Vilar Suassuna nasceu no Palácio da Redenção, sede do governo da Paraíba.*

tória de um santo que tinha vivido no Egito muito tempo antes. Era santo Ariano.

Muito pequeno Ariano já se mostrava uma criança inteligente e com memória de impressionar. Decorava textos com facilidade, repetia as brincadeiras que havia aprendido, recordava-se de fatos ocorridos quando ainda era quase um bebê. Um desses momentos para sempre lembrados aconteceu antes de ele completar dois anos.

Era 19 de março de 1929, dia de são José. Numa brincadeira com os irmãos e dois cachorros no quintal, Ariano caiu de mau jeito e quebrou o braço. Da dor, ele esqueceu-se. Mas sempre lembrou bem o que aconteceu depois: foi levado numa ambulância, na época chamada de assistência pública, para o hospital, onde o braço foi engessado – ou "encanado", para usar a fala da gente local. Duvidando de que o filho se recordasse de um momento passado quando ele era ainda tão pequeno, certo dia a mãe desafiou:

— Só acredito que você se lembra mesmo se me disser onde tudo aconteceu.

— Numa mesa amarela, respondeu corretamente o menino.

— E depois?

— Eu comi uma banana.

Também era verdade. A banana foi descascada a pedido do médico para testar se o acidente havia comprometido algum movimento do braço. Depois, Ariano foi dormir na rede. Preferia rede à cama na hora de dormir. Passar uma noite de sono inteira na rede é hábito entre muitos sertanejos.

Ainda bem cedo, também, experimentou outro tipo de dor. Dor de perda, de falta, aquela que chega quando a morte atravessa o caminho. Por causa de tumultos e disputas que acabaram deflagrando, no Brasil, a Revolução de 1930, seu pai foi assassinado com um tiro pelas costas. O crime aconteceu no Rio de Janeiro, quando Ariano tinha três anos. De João Suassuna ele guardou poucas lembranças, todas consideradas muito preciosas. A mais significativa foi vivida no Sertão. À beira de um riacho, o sol estava se pondo. Os dois caminhavam pela fazenda Acauhan, nome de um pássaro de cor clara com uma marca negra, como uma máscara camuflando os olhos.

Assim Ariano descreveu o momento: "Ali, num crepúsculo cheio de prenúncios, eu vira o único pôr-do-sol que tive direito de ver ao lado de meu Pai, num dia em que, passeando com ele à beira desse rio, nós dois encontramos, na areia da margem de um riacho seu afluente, uma piranha morta, ainda reluzindo ao sol poente."

Pai, no entender de Ariano, se escreve assim, com letra maiúscula, ainda que não esteja iniciando uma frase nem seja nome próprio. Ele faz o mesmo com muitas outras palavras, para dar-lhes mais importância. É o caso de Rei, Luz, Noite, Mar, Candelabro, Sol. No caso do Pai, a dor e a lembrança viraram também poesia. E não só uma vez. Tendo João Suassuna como tema, Ariano escreveu prosa e muitos versos. Como estes:

**A Acauhan**
*A malhada da onça*

Aqui morava um Rei, quando eu menino:
vestia ouro e Castanho no gibão.
Pedra da sorte sobre o meu Destino,
pulsava, junto ao meu, seu Coração.

Para mim, seu Cantar era divino,
quando, ao som da Viola e do bordão,
cantava com voz rouca o Desatino,
o Sangue, o riso e as mortes do Sertão.

Mas mataram meu Pai. Desde esse dia,
eu me vi, como um Cego, sem meu Guia,
que se foi para o Sol, transfigurado.

Sua Efígie me queima. Eu sou a Presa,
Ele, a Brasa que impele ao Fogo, acesa,
Espada de ouro em Pasto ensangüentado.

*Ariano guarda lembranças marcantes da fazenda Acahuan, que pertenceu à sua família.*

Dor é coisa que não se escolhe quando começa nem quando é hora de ela ir embora. Muitos, muitos anos depois da morte de seu pai, a dor de Ariano não havia passado. O choro sempre foi companhia quando o pai era o assunto. Em 1990, no discurso para a posse na Academia Brasileira de Letras, declarou: "Posso dizer que, como escritor, eu sou, de certa forma, aquele mesmo menino que, perdendo o Pai assassinado no dia 9 de outubro de 1930, passou o resto da vida tentando protestar contra a sua morte através do que faço e do que escrevo, oferecendo essa precária compensação e, ao mesmo tempo, buscando recuperar sua imagem, através da lembrança, dos depoimentos dos outros, das palavras que o Pai deixou."

Não foi fácil para dona Ritinha criar os filhos. Viúva no Sertão, aos 34 anos, mãe de nove filhos, ela nunca desanimou. Seguiu em frente, ensinando amor a todos, afastando, em qualquer tempo, o mínimo sentimento de vingança, ódio ou rancor que pudesse

## JOÃO SUASSUNA E A REVOLUÇÃO DE 1930



João Urbano Pessoa de Vasconcelos Suassuna nasceu em Catolé do Rocha, Paraíba, em 19 de janeiro de 1886. Na juventude, foi estudar no Recife, onde se tornou advogado. Trabalhou como juiz de direito em várias cidades paraibanas e foi também procurador da Fazenda Nacional. Foi deputado federal e, entre 1924 e 1928, presidente do estado da Paraíba (cargo que corresponde, hoje, ao de governador). Era novamente deputado federal quando Washington Luís, presidente da República, foi deposto, no movimento armado conhecido como Revolução de 1930. Em 3 de novembro desse ano, o gaúcho Getúlio Vargas assumiria a Presidência, num governo chamado então de "provisório". Era o fim da República Velha, que tinha como característica a alternância de poder entre os estados de Minas (com grande bacia leiteira) e São Paulo (maior produtor de café do país), uma prática conhecida como a "política do café-com-leite". O Brasil vivia uma fase de inquietações, com o crescimento da classe média, a migração de cidadãos dos campos para as cidades, os movimentos operários e a crise do café, cuja produção era quase duas vezes maior do que o consumo no mercado mundial. No exterior o principal acontecimento fora a quebra da Bolsa de Nova York, em 1929.

O fato apontado como o estopim da Revolução é o assassinato de João Pessoa, então presidente da Paraíba, que se candidatara a vice-presidente da República na chapa encabeçada por Getúlio, derrotada pela de Júlio Prestes nas eleições daquele ano. O crime foi cometido pelo advogado João Dantas. Apesar das muitas e conhecidas desavenças políticas entre os Dantas e os Pessoa, a motivação foi de ordem pessoal: a mando de João Pessoa, o escritório de Dantas fora invadido pela polícia em busca de armas, e logo depois algumas correspondências íntimas entre João Dantas e a professora Anayde Beiriz foram divulgadas pela imprensa oficial da Paraíba. Após o assassinato, João Dantas seguiu para a Casa de Detenção do Recife, onde foi encontrado morto, estrangulado em sua cela, em 3 de outubro de 1930. A tese de suicídio, alardeada pelas autoridades da época, foi contestada pela família e é hoje reconhecida como falsa.

Aliado político de João Dantas, o pai de Ariano, João Suassuna, foi perseguido e precisou deixar o Nordeste. Estava no Rio de Janeiro, no dia 9 de outubro, quando foi assassinado com um tiro pelas costas. Trazia no bolso do paletó uma carta para a sua mulher, em que dizia:

> Se me tirarem a vida os parentes do presidente J. Pessoa, saibam todos os nossos que foi clamorosa a injustiça - eu não sou responsável, de qualquer forma, pela sua morte, nem de pessoa alguma neste mundo. Não alimentem, apesar disso, idéia ou sentimento de vingança contra ninguém. Recorram para Deus, para Deus somente. Não se façam criminosos por minha causa!*

Mesmo depois de morto, João Suassuna foi julgado - e inocentado de qualquer responsabilidade na morte de João Pessoa. Por causa do que aconteceu a seu pai, Ariano e grande parte de sua família escolheram referir-se à cidade de João Pessoa sempre como "a capital".

*A Revolução de 1930 mudou o rumo da história do Brasil – e também da vida de Ariano.*

* Reproduzido em *Uma estirpe sertaneja: genealogia da família Suassuna*, de Raimundo Suassuna, Natércia Suassuna e Adília Suassuna Dutra. João Pessoa, A União Editora, 1993.

surgir na família por causa do assassinato do marido – atendia assim ao último pedido de João Suassuna. Incentivando os estudos de cada um, estimulando valores como partilha, companheirismo, humildade, dignidade e generosidade, dona Rita criou todos os filhos. Era uma figura forte, guerreira, referência para toda a família. Sobre ela, Ariano revelou que o maior desgosto que alguém podia dar à mãe era ficar se lamuriando da vida: "Ela foi muito forte. Usou luto a vida inteira, mas não deixou a gente usar."

Pois com dor também se vive, e pode-se viver com alegria. Como quase toda a família Suassuna, dona Ritinha exibia muito senso de humor. Com filhos crescidos e já formados em cursos como medicina, direito, filosofia e pedagogia, ela tinha consciência de que todos eram muito bons em suas profissões, competentes e com talentos devidamente reconhecidos. Mas não se preocupavam muito quando o assunto era dinheiro – nenhum deles acumulou riqueza. A mãe brincava, dizendo: "Meus filhos são ótimos para receber elogios."

*"Usou luto a vida inteira mas não deixou a gente usar": dona Ritinha e os filhos homens, nos anos 1960. De trás para frente, Ariano, Saulo, João, Lucas e Marcos.*

O caminho até a formação dos filhos foi árduo, cheio de batalhas, enfrentamentos. Mas de apoios também. Manuel Dantas Vilar, irmão de dona Ritinha, era pai se os sobrinhos precisavam de pai. Quando apareceram as dificuldades financeiras, provocadas pelos grandes períodos de seca, tio Dantas arrendou a fazenda Acauhan para que a família tivesse como se sustentar. Joaquim Duarte Dantas, outro tio, estava sempre a postos para o que fosse preciso. E um terceiro, Alfredo Dantas Vilar, também virou apoio e afeto indispensáveis. Muito brincalhão, foi quem levou Ariano, ainda muito pequeno, para as primeiras caçadas.

*O tio Manuel, aqui com Ariano em Taperoá, 1948, era pai se os sobrinhos precisavam de pai.*

Mocó, marreca, juriti e asa-branca eram o alvo, num tempo em que quase nada era falado sobre a necessidade de preservação do meio ambiente. Tempo que deixou lembranças enfeitadas com imagens de beleza – porque muitas vezes a caçada era só um motivo para Ariano passear dentro da caatinga fechada. "Um dia, estávamos eu e meu irmão João quando vi uma das coisas mais bonitas da minha infância. Era um tempo de seca. De repente, avistei uma árvore, completamente sem folhas, uma árvore só de galhos. Foi então que veio voando um bando de papagaios selvagens, e pousou na tal árvore, que ficou verde de repente. Os bichos todos gralhando. Uma coisa linda essa cena."

O caçador de imagens Ariano também se emocionou quando avistou uma mãe mocó amamentando o filhote. Nesse dia, a caçada não foi adiante. As lembranças servem como alimentos colhidos lá no passado e que vão, de tempos em tempos, nutrindo a vida que segue, o futuro, o porvir. E por isso permanecem com a gente.

Ariano formulou uma idéia: quase toda história ruim de passar é boa de contar. E vice-versa. As brincadeiras com os irmãos, até as que chateavam, se transformaram em boas lembranças. Depois de adulto, ele divertia-se recordando uma história da qual não achou a menor graça quando aconteceu, lá na infância. Ariano chorava sempre que Marcos, cinco anos mais velho, inventava que iria com a irmã Germana fazer uma viagem à África. A dupla de irmãos planejava uma grande caçada na terra dos leões e elefantes. Na brincadeira, Marcos alertava que Ariano não estava nos planos da viagem – ficaria no Brasil porque "iria dar muito trabalho". O irmão menor chorava e ia queixar-se à mãe:

— Deixe disso! Eles não vão para a África, não.

— Vão sim.

— Faça então você a sua viagem para a África, dizia dona Rita, tentando consolar Ariano.

— Mas eu quero ir é na deles!, dizia o pequeno Ariano. E lá vinha mais choro.

Se não tinha viagem para a África, tinha festa em casa mesmo. Com os irmãos também ele lembra da casa cheia e com música, alegre, como é do gosto da família Suassuna. Na infância do menino Ariano, a casa de Taperoá recebia visitas toda vez que o piano era aberto. A meninada que não cabia na sala ficava de bruços na janela.

Duas irmãs e dois irmãos Suassuna tocavam o instrumento. João era o mais talentoso para a música: além do piano, tirava melodias de vários tipos de flauta, do violão, e depois virou compositor. A casa de dona Ritinha ficava que era uma festa.

Entre as músicas ouvidas no sobrado de Taperoá, estavam aquelas criadas por um jovem compositor pernambucano, Lourenço da Fonseca Barbosa, o Capiba. Amigo dos mais velhos entre os irmãos Suassuna, eles haviam se conhecido numa pensão no Recife, onde moravam. Tempos depois, o Brasil iria descobrir o talento que já se ouvia na sala sertaneja. Além disso, cantigas populares brasileiras e canções ibéricas trazidas até nós pelos portugueses fizeram parte da infância dos Suassuna e de muitos meninos no Sertão.

*Ariano (sentado, à esq.) com sete de seus irmãos, em 1929: em sentido anti-horário, Germana, Beta, Saulo, Selma, Lucas, Marcos e João. No mesmo ano nasceria ainda Magda.*

## CANTIGAS DO ROMANCEIRO POPULAR



O romanceiro é um gênero poético de origem medieval, composto por uma coleção de romances, obras narrativas que podem ser escritas em versos ou em prosa. Uma das cantigas do romanceiro ibérico aprendida e cantada em Taperoá por Ariano Suassuna durante a infância é "O romance da bela infanta", da tradição portuguesa. A letra muda de país para país, de região para região, mas permanece a idéia central, o enredo e, quase sempre, a melodia:

Chorava a infanta chorava
na porta da camarinha
perguntou-lhe o rei seu pai
por que choras filha minha.
*(como é cantado no sertão do Brasil)*

Estava a bela infanta
no seu jardim assentada,
com o pente de oiro fino
seus cabelos penteava.
*(como é cantado em algumas cidades de Portugal)*

Outra canção da infância de muitos brasileiros, entre eles os sertanejos, e também de origem ibérica é a "Cantiga de la Condessa":

La Condessa, la Condessa, língua
de França, lei de lanceta

O que quereis, qual a condessa,
que por ela perguntais?

Mandou dizer rei meu senhor,
que das filhas que ela tem,
lhe mandasse a mais moça,
para eu casar com ela

Eu não dou as minhas filhas
no estado em que elas estão;
nem por ouro, nem por prata,
nem por sangue de Aragão.

A "Cantiga de la Condessa" foi assunto de cinco artigos de autoria da escritora Cecília Meireles, que encontrou registros da canção em países como México, Argentina, Venezuela, Chile e Brasil, além da Espanha. No interior da Paraíba, assim era cantada "La Condessa":

La Condessa, la Condessa.
Que queres com la Condessa?

Quero uma de vossas filhas
para com ela casar.

Eu não tiro as minhas filhas
do mosteiro que elas estão
nem por ouro, nem por prata,
nem por sangue de Aragão.

Também se reproduzia em Taperoá um conto popular, este brasileiro, chamado "A Cabra-cabriola", que assustava e encantava as crianças a um só tempo. Falava de uma fera que devorava gente pequena e dizia:

Eu sou a Cabra-cabriola,
que come meninos aos pares,
e também comerei a vós,
uns carochinhos de nada.

E ficou ainda na lembrança de Ariano Suassuna uma canção popular do Brasil que o deixava triste, principalmente depois de saber que se tratava de uma história verídica, ocorrida no Rio de Janeiro.

No largo da Carioca
lá no Rio de Janeiro
deu-se um crime horroroso
que abalou o mundo inteiro.

Gênio Roque e Carlito
mataram Carlos e Paulino
mataram Carlos e Paulino
heróis na flor da idade
[...]

Justiça, senhores da terra!
justiça mais uma vez.
trinta anos não é demais
para quem tal crime fez.

Outra lembrança que se prendeu à memória aconteceu numa hora de muita chuva. Chuva é raridade no sertão – a estiagem pode durar meses, até anos a fio. Ariano estava na fazenda Saco, terras do tio Alfredo. Era 1933, ele tinha seis anos. Um ano antes, o Alto Sertão paraibano havia enfrentado uma grande seca. Nas primeiras chuvas de 33, o menino correu logo para o riacho que passava do outro lado da estrada de terra que cortava a fazenda. "Eu me escanchei num galho de árvore que ficava por cima do riacho, fiquei olhando a água. As mais turvas das primeiras chuvas já haviam passado. Corria uma água bem clarinha, bem limpa, por cima dos seixos do riacho. De vez em quando passava o dorso prateado de uma piaba. Esse foi um dos momentos mais bonitos, mais alegres da minha infância. Ainda hoje, quando me lembro, fico contente."

Das brincadeiras nas fazendas da família, dois amigos não são esquecidos: Doca e Nonato. O pai deles era vaqueiro, se vestia com gibão e muitos couros enfeitados, cuidava do rebanho, corria atrás de rês desgarrada, tirava o leite quando ainda nem era dia claro. Certa vez, Nonato foi mexer com um touro bravo de nome Cacheado. Ele sabia da valentia do touro e, talvez por isso, a vontade de brincar com o animal ficava ainda maior. Cacheado tinha um chifre de ponta muito afiada, um perigo que acabou machucando o menino – fez um furo em sua bochecha. Além da dor, a ousadia custou caro ao menino: quando Nonato ia tomar água, leite, suco, parte do líquido saía pelo buraquinho deixado pelo chifre do touro. "A gente achava a maior graça. Porque menino é mesmo muito cruel. Acha graça até onde não deveria", lembrou Ariano. O embate entre Nonato e Cacheado aconteceu em 1931. O amigo que não esquece a história tinha então quatro anos.

Os sertanejos que vivem no campo, quando vão às vilas e à cidade, dizem que vão à rua. Nas fazendas, ouve-se sempre: "Acabei de vir da rua", ou "Faz tempo que não vou na rua". Falando assim, a gente do Sertão não se refere a uma rua específica, mas à cidade, ao vilarejo. A infância na rua de Taperoá tinha uma atração maior do que todas as outras para Ariano: o encantamento do circo. Um circo sem bichos, com festa e divertimento espalhados em cada canto sob a lona. No picadeiro, malabaristas, trapezistas, bailarinas, mágicos e, principalmente, palhaços. "Bastava que alguém dissesse 'O circo chegou' que começava a desencadear-se um estado de tensão poética dentro de mim", confessou Ariano.

A farra da criançada começava com a montagem da lona – a cidade toda parava para assistir. Meninos e meninas acompanhavam cada momento, ninguém queria sair de perto. A lona ia subindo, sendo esticada. A grande casa de espetáculos de Taperoá, humilde e encantadora, tomava forma. E crescia também a fascinação da meninada. Eram companhias pobres e, por isso, só ofereciam pedaços estreitos de madeira como arquibancada. Os que queriam mais conforto carregavam de suas casas bancos e cadeiras – formando assim os camarotes.

Se o circo já era a festa maior, nele também havia um personagem principal: o palhaço. E, entre todos os palhaços, o mais inesquecível era Gregório, astro do circo Stringhini. A lembrança de Gregório está, até hoje, marcada na literatura brasileira: é ele o

## O CIRCO



Acrobatas, equilibristas e contorcionistas se exibem numa gravura chinesa criada há cinco mil anos. Desenhos de malabaristas também foram descobertos nas pirâmides do Egito. Exercícios com o corpo eram imprescindíveis para os grandes guerreiros da Antigüidade. Provas da longevidade do circo.

Na Roma Antiga, o Circo Máximo, ou Circus Maximus, era o palco principal da "política do pão e circo", instituída pelos governantes da época para aplacar com divertimento e comida o sofrimento do povo submetido a trabalho forçado e escravidão. No século II a.C., o lugar era palco de jogos, corridas de bigas e muitas disputas. Por volta do ano 50 a.C., o Circo Máximo já acomodava 150 mil pessoas sentadas e milhares de outras em pé. Apesar do nome, o circo romano era um lugar violento, onde homens eram jogados às feras ou lutavam uns contra os outros até a morte.

No século XVIII, um oficial da cavalaria britânica inauguraria, em Londres, um circo muito parecido com o que temos hoje, no que pode ser considerado como o marco da arte circense. Mas não como estréia: grupos de saltimbancos, ciganos e teatros mambembes circularam pelo mundo, em todos os tempos, levando alegria e espetáculos a cidades e lugarejos. A alegria da arte mambembe não é propriedade de um único povo nem de um tempo definido.

No Brasil, o circo teria chegado com grupos de ciganos vindos da Península Ibérica, brincadeira que, também aqui, não teve data certa para começar e que segue até os dias de hoje. Alguns circos fizeram, e outros ainda fazem, história no Brasil: Trapézio, Orlando Orfei, Circo Popular do Brasil, Circo Gran Bartholo, Circo di Napoli... Os palhaços Arrelia, Carequinha e Piolin estão entre os que conquistaram maior reconhecimento. Mas, para Ariano, não houve nenhum tão especial quanto Gregório, o palhaço da infância dele e de todos os meninos da "rua" de Taperoá.

palhaço-narrador do *Auto da Compadecida,* obra mais consagrada de Ariano Suassuna.

"Depois de assistir aos espetáculos, eu ficava dias e dias repetindo exatamente tudo o que os palhaços haviam dito, as brincadeiras, as graças. Minha mãe e minhas irmãs se cansavam da mesma história – uma delas chorou depois de tanto eu repetir as brincadeiras de Gregório", não esquece Ariano. Algumas vezes, ele declarou: "Na verdade, sou um palhaço frustrado."

Ariano vivia em Taperoá cercado de mulheres: embora as duas irmãs mais velhas, Selma e Germana, fossem alunas de internato num colégio em Campina Grande, havia, além da mãe, as irmãs Beta e Magda e uma tia, Neves. A mãe, e principalmente a tia, ensinaram o futuro escritor a ler e a escrever.

Tia Neves preparou uma surpresa, encomendando da feira a primeira cartilha para o sobrinho. Botou as mãos para trás do corpo e tentou fazer com que ele adivinhasse o presente. E perguntou: "Você me paga as alvíssaras?" O menino topou pagar com um jarro de cajarana. Tia Neves entregou-lhe então a cartilha. "Eu, brincando, digo: não sabia ela que estava me escravizando para o resto da vida. Claro que brincando, porque ela estava me abrindo um reino da mais alta importância, o reino da leitura."

Reino por onde Ariano começou a passear, seduzido, desde que conseguiu perceber o que diziam os livros. A leitura sempre foi ótima companheira e dela faziam parte obras como *Os três mosqueteiros,* de Alexandre Dumas, e os clássicos brasileiros de Monteiro Lobato. O pai havia deixado uma boa biblioteca, e alguns livros são guardados até hoje como relíquias: um exemplar dos *Sertões*, de Euclides da Cunha; *Cantadores*, *Sertão alegre* e *Violeiros do Norte*, os três escritos pelo cearense Leonardo Mota; *A ilustre casa de Ramires* e *A cidade e as serras*, do português Eça de Queiroz.

*Leituras antigas.*

## *OS SERTÕES*: DOCUMENTO DE IDENTIDADE DO BRASIL

"O sertanejo é, antes de tudo, um forte." A frase conhecida é parte de uma das mais importantes obras brasileiras: *Os sertões*, de Euclides da Cunha, publicada pela primeira vez em dezembro de 1902. Professor, jornalista, poeta, engenheiro, ensaísta, sociólogo e historiador, não necessariamente nessa ordem, o autor, nascido em Cantagalo, no Rio de Janeiro, foi espectador e narrador de um conflito que marcaria a história do Brasil: a Guerra de Canudos.

Com *Os sertões*, Euclides da Cunha constrói um documento que denuncia a fome, a seca, o desprezo dos poderosos pelos que quase nada têm, o imenso fosso que separa o Brasil do litoral do Brasil que não enxerga as águas do mar. O livro também provoca uma das mais fundamentais reflexões sobre a identidade brasileira.

Na primeira parte, "A terra", o escritor apresenta um estudo detalhado sobre aspectos geográficos e também culturais da região Nordeste, lugar onde o Arraial de Canudos estava instalado. "O homem" é o título da segunda parte, onde é analisada a formação étnica, psicológica e cultural do povo nordestino, do sertanejo em especial. Também surge aqui a figura mítica de Antônio Conselheiro, líder de Canudos.

Por fim, em "A luta" são narradas as quatro expedições, a primeira delas de 1896, enviadas pelo governo para combater o Arraial e seus seguidores, sob o pretexto de lutar contra defensores da monarquia que ameaçavam a República. Além do poder bélico dos soldados, peste, seca, fome e miséria contribuíram para dizimar os moradores de Canudos, num verdadeiro massacre. Euclides da Cunha declara no final do livro, sobre o dia 5 de outubro de 1897, data de término dos combates:

> Canudos não se rendeu. Exemplo único em toda a história, resistiu até ao esgotamento completo. Expugnado palmo a palmo, na precisão integral do termo, caiu no dia 5, ao entardecer, quando caíram os seus

últimos defensores, que todos morreram. Eram quatro apenas: um velho, dois homens feitos e uma criança, na frente dos quais rugiam raivosamente 5 mil soldados.

Na primeira vez em que ocupou o cargo de secretário de Cultura de Pernambuco, de 1995 a 1999, Ariano Suassuna deu o nome de Arraial a um teatro que inaugurou no Recife, uma homenagem ao Movimento de Canudos e a Antônio Conselheiro. "Em Canudos, a bandeira usada pelos seguidores de Antônio Conselheiro era a do Divino Espírito Santo – a bandeira do nosso povo, pobre, negro, índio e mestiço. Povo que o Brasil oficial, o dos brancos e poderosos, mais uma vez (e como já sucedera em Palmares e no Contestado), iria esmagar e sufocar, confrontando-se ali, no caso, duas visões opostas de justiça", escreveu.

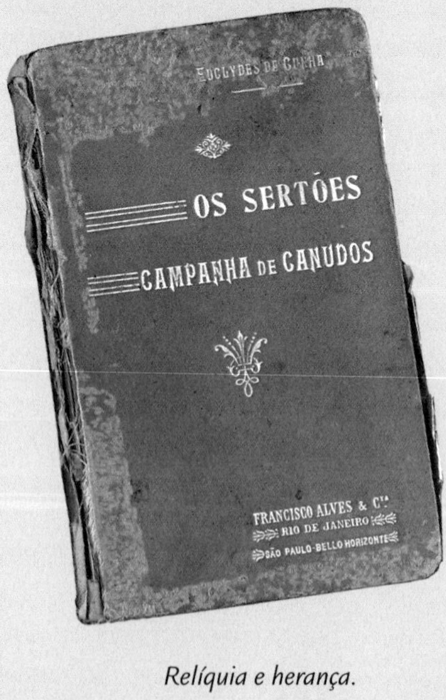


*Relíquia e herança.*

Depois de alfabetizado em casa, era hora de ir à escola. Emídio Diniz foi o primeiro professor. Um mestre que precisava ser criativo e ousado nas lições: eram cinco turmas, cada uma delas com alunos de idades muito diferentes – todos para Emídio tomar conta e ensinar. Sabiamente, ele fazia com que os mais velhos ajudassem nas tarefas dos mais novos.

Ainda criança, o menino de Taperoá ouviria, pela primeira vez, um desafio de viola. Os cantadores Antônio Marinho e Antônio Marinheiro faziam as rimas do repente. Ariano jamais esqueceria um dia tão importante. "Ouvi a minha primeira cantoria aos sete anos de idade. Fui levado pelo meu irmão Lucas para a casa de um oficial da polícia que morava em Taperoá, onde estava presente um dos maiores cantadores que já houve no Nordeste, Antônio Marinho. Na minha primeira cantoria eu tive a sorte de ouvir essa figura mágica." A certa altura, Marinho estava cantando com o parceiro, Marinheiro, e parou de improvisar. Passou a cantar um folheto de cordel ao som da viola. "Era um folheto fantástico, onde aparecia um vulto, isso me marcou muito."

Um ano depois, numa feira da cidade, Ariano assistiu a uma peça encenada por bonecos, os mamulengos, chamados em alguns lugares do Brasil de marionetes. O ator principal era um boneco negro de nome Benedito, que entrava numa briga com a polícia. Ariano se lembraria para sempre de algumas cenas da peça. Anos depois, quando escreveu *A pena e a lei*, chamou de Benedito um dos personagens, em homenagem àquele que se exibiu no Sertão, cenário de quase todas as obras do escritor; na *História do amor de Fernando e Isaura* não aparece Taperoá, mas está lá o Sertão de Alagoas.

Quando tomou posse na Academia Brasileira de Letras, em seu discurso não se esqueceu nem do palhaço Gregório nem do muito que viu no interior da Paraíba. Declarou na sala lotada de acadêmicos:

> Ainda menino, no Sertão da Paraíba, o palco mágico e festivo do Teatro, com seus violentos contrastes entre recantos sombrios, povoados de assassinatos, e zonas de luz cheias de gargalhadas, todo esse mundo me foi revelado, ao mesmo tempo, pelo Circo, onde travei conhecimento com *O terror da serra Morena* e com o palhaço Gregório; pelo auto popular *O castigo da soberba*, do Cantador paraibano Silvino Pirauá; e pela ribalta armada, pelo ator Barreto Júnior, num velho armazém de algodão deliberadamente esvaziado para esse fim. Barreto Júnior, naquela temporada, para mim memorável, encenou a comédia *O grande marido*, o drama *A ladra*, de Silvino Lopes, e *Deus lhe pague*, de Joracy Camargo. Ora, ainda hoje a receita do meu teatro continua a ser essa fórmula, para mim mágica, que entrou em meu sangue na infância com a Comédia brasileira, o Drama, o Romanceiro, os espetáculos populares e o Circo. Ou seja: o palhaço Gregório, Silvino Pirauá, Silvino Lopes, Barreto Júnior e Joracy Camargo.

Ariano repetiu muitas vezes que, em sua opinião, a infância, e também um pouco a adolescência, é o tempo em que se forma o universo mítico do escritor. "Depois daí, tudo é acréscimo." No caso dele não há como se questionar a influência desse universo sertanejo e mítico em sua formação, e por isso Taperoá vai ser sempre a terra querida de dona Ritinha e de seus filhos, sobretudo do oitavo deles. Mas em 1942 o Recife é a cidade grande escolhida para a mudança definitiva de todos. Se a Paraíba, palavra feminina, é o "estado materno" de Ariano Suassuna, Pernambuco passaria a ser o seu "estado paterno".

# 2

# Um Universo de Mestres e Amigos

Aos 12 anos, Ariano ainda não pensava como escritor ou poeta, mas já tentava rabiscar uns versos. Da primeira tentativa ele se lembra achando graça e dizendo que nunca mais viu tanto T junto. A criação começava assim: "Triste serrote de minha triste terra." Serrote aqui aparece como o diminutivo de serra, nome pelo qual é chamado o conjunto de grandes pedras do sertão. O assunto "pedras", portanto, já vem daí, e será recorrente em muito do que Ariano escreveria depois.

A mudança da família para o Recife, em 1942, foi uma decisão tomada em função da constante preocupação de dona Rita com o estudo e a formação dos Suassuna. Mas a primeira vez que Ariano pisou em Pernambuco foi bem antes disso, no marcante ano de 1930, quando João Suassuna se mudou para a cidade para tentar escapar das perseguições relacionadas ao caso do assassinato de João Pessoa. Com a situação política ficando cada vez mais difícil, o pai mandou buscar a família na Paraíba e alugou um apartamento na cidade de Paulista, na região metropolitana do Recife.

Foi um ano atribulado aquele. Apesar dos três anos de idade, Ariano lembra-se bem: na segunda quinzena de setembro, foi ao Recife com a mãe e o irmão Saulo. E ficou viva em sua lembrança a cena dos três ali, em pé no cais do porto, junto do Marco Zero, no centro da cidade. A mãe tentava mostrar-lhe as mãos do pai, acenando no navio que partia rumo ao Rio de Janeiro, onde teriam início os trabalhos legislativos daquele ano. Ariano, no colo de dona Ritinha, não conseguia avistá-lo no meio daquele mundaréu de gente. Até que, finalmente, reconheceu o rosto na janela do camarote – João Suassuna dava adeus à família. Essa foi a última vez que Ariano viu o pai vivo. A imagem o acompanharia por toda a vida.

Da segunda vez que foi ao Recife, em outubro daquele mesmo ano, Ariano estava com a mãe e outro irmão, João. Tinham ido visitar João Dantas, primo de dona Rita, que havia sido preso na Casa de Detenção (hoje transformada na Casa da Cultura) por ter matado João Pessoa. O menino ficou espantado com a altura da escada de ferro e com o tamanho da chave usada para abrir a cela. Lembra-se também de, ao entrar, ver João Dantas jogando baralho com seu cunhado Augusto Caldas, preso também. Havia ali mais duas pessoas, ou talvez não houvesse mais ninguém – a memória prega essas peças, ele sabe. Três dias depois da visita, João Dantas foi encontrado morto, enforcado – uma morte para a qual nunca apareceu um culpado.

De 1937 a 1942, Ariano morou no Recife, por causa dos estudos. Nesse tempo, segundo ele, a cidade era linda, com uma arquitetura preservada, bem semelhante à que hoje ainda pode ser vista na rua

*A praça do Marco Zero, na época chamada praça Rio Branco, hoje está modificada. Acima, a rua do Bom Jesus, que permaneceu preservada.*

## JOÃO DANTAS E O CRIME DA *PEDRA*



O *Romance d'A Pedra do Reino e o príncipe do vai-e-volta*, escrito por Ariano Suassuna de 1958 a 1970 e publicado pela primeira vez em 1971, é o romance de ficção mais cultuado do escritor. O próprio Ariano considera essa a sua obra mais importante, de peso muito grande em sua vida, e, certamente também, o mais celebrado pela crítica (apesar de não ser tão conhecido pelos leitores como o *Auto da Compadecida*). Por ora, basta dizer que na história há uma trama policial. Em certo momento, o padrinho do personagem Quaderna é encontrado morto, degolado em um quarto fechado.

É um crime cuja autoria não é desvendada no romance. Anos depois de escrevê-lo, o autor se deu conta de que o episódio guardava estreita relação com o assassinato de João Dantas, primo de sua mãe. Descobriu também que, na literatura policial, esse tipo de recurso é conhecido como "crime do quarto fechado".

Propositalmente e como forma de divertimento, Ariano recheou esse trecho do livro com algumas alusões a antigos livros policiais. Em um determinado momento, por exemplo, o juiz pergunta: "Mas não havia nenhuma pista?" E Quaderna diz: "Pista é brincadeira, isso é pra romance estrangeiro, o meu não tem pista coisa nenhuma. Não tem vela dobrada, nem disco mortífero, nem alfinete novo." Todos esses objetos foram pistas de crimes em romances policiais que Ariano lera durante a infância e a adolescência.

Em 2006, quando o romance estava sendo adaptado para a televisão, o diretor Luiz Fernando Carvalho pediu que Ariano "abrisse o quarto", isto é, criasse um desfecho pra o crime. O autor explica o que fez: "Eu saí com uma solução que não tem nada de policial, é bem mais poética. Disse que dom Pedro Sebastião estava lá. Mas havia aquelas seteiras, então as três aves de rapina da morte Caetana - o carcará, o gavião vermelho e o gavião mariscado - levantam vôo. E, como três flechas, entram pelas seteiras de asas fechadas. Quando chegam dentro do quarto, vêem três arcanjos, dois com grandes punhais e um com um ferro incandescente. Os dos punhais matam, o do ferro, ferra. Achei que poeticamente ficou bonito."

do Bom Jesus. No século XVII, período de ocupação holandesa na cidade, a via era chamada de "rua dos judeus", porque lá viviam muitos comerciantes de origem judaica. A rua também abrigou a primeira sinagoga das Américas, a Kahal Zur Israel, ou sinagoga Rochedo de Israel, o maior legado da presença dos judeus no Brasil durante aquele século e hoje um centro histórico de estudos judaicos.

Mas a relação de Ariano com a religião não passou pelo judaísmo. Seu pai era católico; a família de sua mãe, originalmente, também. Rita e João Suassuna casaram-se em cerimônia católica em dezembro de 1913. Anos depois, a avó materna de Ariano, Afra Dantas Vilar, converteu-se ao protestantismo – no que foi seguida por Rita. Dos dez aos 15 anos, Ariano estudou como interno num colégio protestante do Recife, o Americano Batista.

Sempre bem-humorado e brincalhão, Ariano era chamado de "chocalho" pelos amigos porque não parava de falar. Segundo ele próprio diz, era também "um moleque meio subversivo". Ao entrar em um colégio novo, costumava dar logo uma "alteração" enorme, já no primeiro dia de aula. "Isso era para que ninguém viesse com chá-de-garfo pro meu lado. Eu fazia logo uma desordem grande."

No Americano Batista, depois da "alteração", Ariano descobriu que tinha tirado a sorte grande: encontrou ali uma bela biblioteca formada pelo antigo acervo de um benemérito piauiense, José Joaquim Nogueira Paranaguá, que havia doado seus livros para o colégio. Ele então saiu da boa biblioteca que seu pai havia deixado para outra ótima biblioteca. E ali, naqueles livros novos, havia um mundo inteiramente desconhecido, pronto para ser devorado pelo ávido leitor.

Os alunos podiam pegar os livros que quisessem na biblioteca. O menino Ariano pegava muitos e lia todos, a começar pelos de aventura. Aproveitava cada intervalo de aula para se embrenhar mais e mais na literatura. Certa vez, chegou a ser repreendido por passar tempo demais com os livros. Estava lendo, deitado de bruços como sempre, debaixo de uma enorme jaqueira, quando chegou José Alfredo Menezes, professor de geografia e também diretor do internato. O doutor Alfredo, que admirava Ariano como estudante, passou-lhe um carão – uma repreensão afetuosa, lembrando que o menino precisava fazer exercícios físicos também. Foi por essa época que Ariano leu *Scaramouche*, do italiano Rafael Sabatini, ainda hoje um livro de que gosta muito. Leu também outro chamado *Bom gesto*. O encanto com este último aumentou depois que ele pôde assistir no cinema ao filme com Gary Cooper (*Beau geste*, de 1939), que achou "muito bonito". Ler e ir ao cinema eram os programas favoritos de Ariano durante sua adolescência.

No segundo ano de estudos, Ariano formou no Americano Batista o que ele chamou de "uma pequena máfia". O grupo usava uma sigla, Isaja, e guardava vários segredos, entre eles o de que esse nome era formado pelas iniciais dos chefes: Isaac Barreto Ribeiro, Saulo Campelo, Ariano Suassuna e João Alfredo Lemos Liberato. Os quatro faziam tudo juntos, inclusive algumas pequenas contravenções. Por exemplo, na escola era permitido pegar frutas caídas, mas proibido tirá-las das árvores. A Isaja tirava. "Manga, sapoti, jaca, jambo, cajá, tinha o diabo. Era cheio de fruta, uma beleza o campus do colégio nesse tempo", contaria o mais conhecido membro da Isaja.

*A biblioteca particular de Ariano e os originais do novo romance.*

Isaac virou, na época, o melhor amigo de Ariano. "Era um baiano de um lugar chamado Jaguaquara. Uma figura ótima, um sujeito de primeiríssima." O amigo tinha, segundo Ariano, um apurado dom de organização. Assim, além de ajudar a organizar a "máfia", criou e regulamentou sozinho três times de futebol. Acumulava as funções de diretor da confederação e técnico de um deles. "Era um sujeito terrível! Ele dirigia tudo." Os três times tinham nomes de grandes jogadores de futebol: Feitiço, Jaguaré e Friedenreich, este último o time de Ariano. Artur Friedenreich, paulista, filho de um alemão com uma lavadeira brasileira, era conhecido pelos dribles curtos e implacáveis, e foi o primeiro astro do futebol do Brasil, jogador que o país e o mundo conheceram e admiraram antes de Pelé.

E talvez o nome do craque pesasse nas costas do menino franzino que, segundo ele mesmo, era escalado mais por amizade do que pela habilidade futebolística. Ariano revela, sem cerimônia, que era o pior jogador do time: "Se eu fosse goleiro a gente perdia de 20x0." Naquele tempo, a formação consistia no goleiro, dois zagueiros, três médios e cinco atacantes. Era gol que só! Isaac raciocinava que, se botasse Ariano na linha de ataque, o time teria um ponto morto. Se o deixasse na zaga, o pessoal passaria fácil por ele e chegaria ao gol. Então resolveu que Ariano seria médio-esquerdo. Isaac botava ordem:

— Ariano, você fica junto do ponta. Se passarem a bola e ele estiver longe, bote para fora; se estiver perto, faça uma falta.

A tática irritava o adversário, mas mostrava-se eficiente: por ali não passava nada – ou era falta, ou fora. Um dia, de tão exasperado com a estratégia, um ponta deu um murro em Ariano e foi expulso. Mais um ponto para Isaac.

Ariano compensava a pouca habilidade com a bola quando o assunto era o estudo. Reconhece que foi sempre o melhor aluno da turma, mas ressalva que essa "falha" lhe era perdoada pelos amigos por seu jeito brincalhão. Foi ele, por exemplo, quem batizou o jornal do colégio de *O Sacatrapo de Urubu*, embora até hoje não saiba dizer o significado da expressão.

Do Colégio Americano Batista o paraibano foi para o Ginásio Pernambucano, onde fez outros bons amigos. Um deles chamava-se Jacó e era, segundo Ariano, um dos sujeitos mais inteligentes que ele já conheceu.

Foi mais uma alegria quando Ariano chegou ao Ginásio Pernambucano e encontrou a terceira boa biblioteca de sua vida – maior e mais variada que a do pai, melhor que a do Colégio Americano Batista. Nela prosseguiu num deslumbramento que tinha descober-

*Foi mais uma alegria quando Ariano chegou ao Ginásio Pernambucano e encontrou a terceira boa biblioteca de sua vida. O prédio à esquerda é a Assembléia Legislativa de Pernambuco.*

to na biblioteca de sua casa: álbuns de pintura. João Suassuna tinha alguns livros de pintura com reproduções em cor de grandes mestres das artes plásticas como Ticiano, El Greco, Rafael e Goya. Quando chegou ao Ginásio Pernambucano, Ariano encontrou uma coleção de livros de arte chamada *Galerias da Europa*, com obras de pintores impressionistas, e seu fascínio cresceu: "Eu me lembro que tinha um quadro de um impressionista alemão chamado Max Liebermann ... que trazia uma paisagem impressionista, algo muito revolucionário pra mim na época em que eu só conhecia os renascentistas, e poucos."

Ariano encantou-se com esses livros todos e com outros de literatura. Carlos Alberto de Buarque Borges, um amigo dois anos mais velho, tinha um bom gosto danado para música e pintura – Ariano diz que ele teve um papel fundamental em sua vida: "Foi quem começou a me despertar o gosto pela música erudita." Juntos, os dois amigos também saíam pelo Recife pintando paisagens ou as coisas bonitas que vissem pela frente.

Em 1945, Ariano estudava no Colégio Oswaldo Cruz, por onde também passaram alunos que se transformariam em personagens fundamentais para o Brasil, como o educador Paulo Freire. Foi lá que Ariano conheceu outro grande brasileiro: Francisco Brennand. Entre eles estabeleceu-se uma forte amizade, fato que, para quem olhasse de fora, poderia parecer bastante curioso. Os dois eram de temperamentos inteiramente opostos. Brennand sério e casmurro, com uma barba grande, nada comum naqueles tempos, chamado pelos colegas de turma de "o Sombra" porque vivia quieto, no canto dele. Ariano era alegre, brincalhão, galhofeiro e não sossegava.

Mas alguma coisa eles haviam de ter em comum – e tinham! Ariano convidou Francisco para ilustrar os primeiros poemas que começara a publicar no *Jornal Literário*, organizado por ele. Aí estava a ligação fundamental entre os dois: a arte.

O menino que descobriu aos 12 anos o desejo de ser escritor começou, primeiro, admirando os personagens das histórias que lia. Logo passou a admirar os autores daquelas histórias, eles também misteriosos personagens. Por fim, Ariano passou a querer transformar-se em um grande personagem-escritor. Se aos 17 anos o *Jornal Literário* já publicava suas primeiras tentativas de poemas, aos 18 teria início, oficialmente, a carreira literária do jovem escritor brasileiro.

*O escritor em seu quarto de trabalho. A carreira teve início oficialmente aos 18 anos.*

# FRANCISCO BRENNAND



No mesmo mês e no mesmo ano em que nascia Ariano Suassuna, na Paraíba, junho de 1927, nasceu também Francisco de Paula de Almeida Brennand, no Recife. Os dois se conheceriam no Colégio Oswaldo Cruz, no Recife.

Concluídos os estudos Brennand foi trabalhar na fábrica de cerâmica do pai e depois começou a pintar paisagens. Em 1954 fez o seu primeiro painel de cerâmica, na nova fábrica de azulejos da família.

Uma das obras mais significativas de sua carreira é o painel "Batalha dos Guararapes", que retrata a expulsão dos holandeses do Brasil e enfeita a rua das Flores, no centro do Recife. A partir de 1971, o artista passou a dar formas a um sonho: a Oficina Brennand, construída no bairro da Várzea onde funcionara a olaria da família. Hoje, ela é um dos locais mais importantes da cidade, sob os aspectos turístico e cultural, e abriga, em exposição permanente, mais de duas mil obras do artista.

Em um texto intitulado "Brennand e eu", publicado no *Jornal do Brasil* em 1997, quando ambos completaram 70 anos, Ariano conta:

> Tornei-me amigo do artista de gênio que é Francisco Brennand no ano de 1945, quando ele se preparava para expor seus quadros e eu para publicar meus poemas. Logo nos primeiros dias de uma amizade que dura desde aquele ano, ele fez uma ilustração para meu poema "Noturno", publicado alguns meses depois, em outubro.
>
> Desde esse tempo, não digo que tivéssemos consciência daquilo que vai aqui afirmado. Mas, na noite criadora da vida pré-consciente do intelecto (noite talvez mais clarividente do que a luz da razão reflexiva), nós dois procurávamos escrever ou pintar como se a sorte do nosso país dependesse do que fizéssemos.
>
> Não sendo políticos, era e é o mais que podemos fazer: indicar com o que fazemos ou tentamos no campo da Arte o caminho para uma Teoria do Poder que, expressando o que nosso povo tem de melhor, esboce o contorno do mapa capaz de definir nosso país como Nação ... .

O primeiro poema publicado pegou Ariano de surpresa. Só depois de avisado pelos amigos, ele descobriu que seus versos estavam impressos nas páginas de um jornal de Pernambuco. Alguns dias antes, um professor de geografia chamado Tadeu Rocha, depois de corrigir o que ele havia escrito numa prova sobre o relevo do Brasil, chamara-o num canto. Perguntou se ele gostava de escrever, se tinha textos guardados. Ariano respondeu que sim. O professor disse ter percebido o talento do aluno para a literatura, e pediu um de seus poemas. Assim, sem que Ariano soubesse, no dia 7 de outubro de 1945 o poema "Noturno" foi publicado no suplemento cultural do *Jornal do Commercio.*

Nos primeiros tempos como escritor, Ariano foi influenciado pelos poetas ingleses românticos que tinha começado a ler, especialmente Percy Bysshe Shelley e John Keats. Naquele momento começou a se entusiasmar com a poesia.

> Eu li um poema de Shelley que ainda hoje eu sei de cor e que me impressionou profundamente. É um poema chamado "Ozymandias". Impressionou-me muito porque dava uma idéia, primeiro, da velhice da história humana, da Antigüidade. Depois da inanidade – é um poema mais ou menos desesperado porque dá a idéia de que a vida é uma coisa passageira e que se acaba mesmo. E depois fala em escultura de pedra, que é uma coisa que me toca muito ainda hoje. Li esse poema e fiquei muito tocado por ele e, durante certo tempo, fiz uma poesia mais ligada a essa linha.

Nesse mesmo período, um médico de Taperoá emprestou-lhe as peças do dramaturgo norueguês Henrik Ibsen. Foram, segundo ele, as primeiras de grande qualidade que leu. Ficou tão impressionado que tentou escrever nos moldes de Ibsen, mas fracassou. Sentia algo de falso naqueles escritos, e aos poucos foi percebendo o que era: a Noruega

**Noturno***

Têm para mim Chamados de outro mundo
as Noites perigosas e queimadas,
quando a Lua aparece mais vermelha.
São turvos sonhos, Mágoas proibidas,
são Ouropéis antigos e fantasmas
que, nesse Mundo vivo e mais ardente
consumam tudo o que desejo Aqui.

Será que mais Alguém os vê e escuta?

Sinto o roçar das asas Amarelas
e escuto essas Canções encantatórias
que tento, em vão, de mim desapossar.

Diluídos na velha Luz da lua,
a Quem dirigem seus terríveis cantos?

Pressinto um murmuroso esvoejar:
passaram-me por cima da cabeça
e, como um Halo escuso, te envolveram.
Eis-te no fogo, como um Fruto ardente,
a ventania me agitando em torno
esse cheiro que sai de teus cabelos.

Que vale a natureza sem teus Olhos,
ó Aquela por quem meu Sangue pulsa?

Da terra sai um cheiro bom de vida
e nossos pés a Ela estão ligados.
Deixa que teu cabelo, solto ao vento,
abrase fundamente as minhas mãos...

Mas, não: a luz Escura inda te envolve,
o vento encrespa as Águas dos dois rios
e continua a ronda, o Som do fogo.

Ó meu amor, por que te ligo à Morte?

* Esta versão, de 1950, apresenta pequenas modificações em relação ao poema publicado em 1945.

de Ibsen nada tinha a ver com o que ele (re)conhecia como suas referências de vida, com o menino sertanejo que continuava sendo.

Referências, aliás, que cedo apareceram na produção de Ariano. "Os Guabirabas", um de seus primeiros poemas, fala dos famosos cangaceiros sertanejos muito ligados à sua família materna. Pois logo depois dos poemas influenciados pelos românticos ingleses começou a escrever outros, ligados ao romanceiro popular ou à literatura de cordel e sua manifestação oral, elementos culturais fortes e vivos na região Nordeste do Brasil.

Ariano conta um fato que marcou a sua juventude. Em 1946, quando tinha 19 anos, foi passar férias na fazenda de um primo.

> Quando eu chego nessa fazenda, que se chamava Várzea Grande e ficava no Sertão do Ceará, meu primo Silveira havia mandado convidar um cantador. Foi aí que eu conheci Dimas Batista e, para mim, foi um deslumbramento. Descobri que havia um cantador que não era só igual, mas melhor do que aqueles outros todos cujos versos eu havia lido nos livros. Fiquei de tal maneira impressionado que, quando voltei para o Recife, procurei o Diretório Acadêmico do curso de Direito, do qual eu era estudante na época, e pedi para que eles organizassem uma cantoria.

Ariano convidou Dimas Batista, que foi com os irmãos Lourival e Otacílio Batista e mais um poeta popular chamado Manoel de Lira Flores. Os quatro cantadores se tornariam grandes amigos do escritor – com Lira Flores ele chegou a manter uma correspondência em versos durante muito tempo. E assim o Teatro Santa Isabel, lugar que recebeu personalidades como o poeta Castro Alves, foi palco, em 26 de setembro de 1946, de uma cantoria popular, entre protestos e aplausos da sociedade pernambucana. "E foi com essa cantoria que eu dei a minha primeira aula-espetáculo", diria Ariano.

Os folhetos do romanceiro nordestino são também chamados de folhetos de cordel porque, segundo alguns pesquisadores, eram vendidos nas barracas das feiras e dos mercados pendurados em cordões ou barbantes, os tais cordéis, para ficarem à vista do freguês. Chegaram ao Brasil como uma de nossas heranças ibéricas. As capas dos folhetos nordestinos exibem xilogravuras (gravura impressa a partir de uma matriz em madeira), acrescentando artes plásticas à obra literária.

Ariano Suassuna foi, primeiro, leitor de cordel. Depois passou também a estudar esse tipo de literatura, analisar suas origens e importância para a formação da cultura do Nordeste e do Brasil. Ele identifica cinco ciclos da literatura popular em versos: o heróico, o maravilhoso, o religioso ou moral, o satírico e o histórico.

O cordel é, para Ariano, um representante legítimo da arte popular brasileira, desempenhando um papel tão importante quanto, digamos, um clássico como *Os sertões* de Euclides da Cunha. "Eu acho que, do ponto de vista político, por exemplo, uma manifestação da cultura popular como a Literatura de Cordel tem o seu equivalente no campo político no Arraial de Canudos. Um folheto como *O homem da vaca e o poder da fortuna*, de Francisco Sales Arêda, expressa uma forma de arte que é feita à margem de influências ou de deformações impostas de fora (do Brasil) ou de cima (de outras classes sociais)."

Os folhetos são escritos em versos e muitas vezes cantados também, tendo portanto forte ligação com a linguagem oral. Entre os mais celebrados autores de cordéis do Brasil está o paraibano Leandro Gomes de Barros, criador de mais de mil histórias de folhetos. O escritor Carlos Drummond de Andrade, em texto publicado no *Jornal do Brasil* em setembro de 1976, comparou-o a Olavo Bilac. Declarou que o nordestino merecia, de fato, o título de "príncipe dos poetas brasileiros", concedido a Bilac, em 1913. "Não foi príncipe de poetas do asfalto, mas foi, no julgamento do povo, rei da poesia do Sertão, e do Brasil em estado puro."

Em Bezerros, Agreste de Pernambuco, o cordel permanece vivo através do trabalho de um de seus mais cultuados representantes, o artista José Francisco Borges, ou J. Borges. Em seu ateliê, junto com filhos (um deles chamado Ariano, em homenagem ao escritor) e netos, Borges faz e vende folhetos e gravuras. Seus trabalhos já foram expostos em países como França, Itália, Estados Unidos e Suíça. As gravuras ilustraram um livro do uruguaio Eduardo Galeano, um calendário produzido pela Organização das Nações Unidas e um relatório anual do Centro David Rockefeller para Estudos Latino-americanos, ligado à Universidade Harvard. O folheto de maior sucesso de J. Borges chama-se *A chegada da prostituta no céu*.

*Capa do folheto de maior sucesso de J. Borges, um dos mais celebrados representantes do cordel.*

Entre os estudantes da Faculdade de Direito interessados em artes e literatura estava José Laurenio de Melo, que havia entrado para o curso no ano anterior e, depois de reprovado, acabou ficando na mesma turma do calouro Suassuna. Do amigo Laurenio, Ariano guarda as melhores lembranças, colocando-o em lugar de absoluto destaque em sua vida: "Laurenio era o meu melhor amigo, o primeiro sem segundo. Devia ter defeitos porque todo mundo tem, mas eu nunca consegui descobri-los. Era um amigo extraordinário, inteiramente leal, decente, sob todos os pontos de vista. Eu nunca vi uma figura como aquela." Depois de 1964, Laurenio mudou-se para o Rio de Janeiro, e os dois amigos passavam um bocado de tempo sem se ver. Mas quando se encontravam a sensação era sempre de que tinham estado juntos no dia anterior.

Outro amigo dos mais importantes que Ariano conheceu ao chegar à Faculdade de Direito foi Hermilo Borba Filho, que se tornaria dramaturgo, diretor, professor, crítico e ensaísta, um dos nomes mais importantes da história do teatro brasileiro. Começou como ponto de um grupo de teatro – aquele cidadão que dava aos atores os seus textos –, depois trabalhou com o dramaturgo Samuel Campelo e o grupo Gente Nossa e ingressaria mais tarde no Teatro de Amadores de Pernambuco, o TAP, grupo que existe até os dias de hoje. Foi Hermilo quem liderou a fundação do Teatro do Estudante de Pernambuco, TEP, em 1945, juntamente com Ariano.

O TEP pretendia levar ao encontro do público novos dramaturgos nordestinos, como os próprios Hermilo e Ariano Suassuna. Planejava ir atrás da platéia onde quer que ela estivesse, a partir de espetáculos mambembes, explorando sobretudo a praça como local propício para esse encontro.

## JOSÉ LAURENIO DE MELO E O GRÁFICO AMADOR

José Laurenio de Melo foi um dos fundadores, em 1954, da editora O Gráfico Amador, juntamente com Aloísio Magalhães, Gastão de Holanda e Orlando da Costa Ferreira. Com exceção de Aloísio, nesse período ainda um artista plástico, os outros três eram poetas e ficcionistas e pretendiam, ao fundar a editora, criar condições para publicar e distribuir seus próprios textos. O grupo era também chamado de "mãos sujas", aqueles que literalmente sujavam as mãos de tinta nos serviços de composição e impressão, em contraposição aos "mãos limpas", que se limitavam ao apoio, à troca intelectual e à produção de conteúdo para os impressos.

A designer Ana Luiza Escorel diz em sua resenha "Glória aos mãos sujas":*

> Se bem que as tiragens dos impressos produzidos pelo O Gráfico Amador fossem pequenas e o processo de reprodução utilizado, basicamente o tipográfico, fosse operado de forma artesanal, esse momento da juventude parece ter introduzido no horizonte dos quatro cavalheiros a chave para a compreensão do sentido profundo das formas de manifestação artística no mundo de hoje. Aloísio e Gastão se tornaram designers. Orlando acumulou uma enorme erudição bibliológica, publicando textos importantes como *Imagem e letra: introdução à bibliologia brasileira*. José Laurenio acrescentou às atividades de poeta, ficcionista e requintadíssimo tradutor do inglês a de especialista em editoração, passando a colaborar nessa atividade com algumas das maiores editoras do país.

A editora O Gráfico Amador foi também um ponto de encontro, local de elaboração de projetos de criação e onde jovens autores liam suas peças. Um dos primeiros livros impressos pela editora foi *Ode*, de Ariano Suassuna.

* In *O efeito multiplicador do design*, São Paulo, Editora Senac, 1999.

## GARCÍA LORCA

O mais velho dos cinco filhos da família García Lorca, Federico, nasceu em 5 de junho de 1898 em um lugarejo chamado Fuente Vaqueros, em Granada, no sul da Espanha, terra de intensa miscigenação cultural, onde viviam descendentes de árabes, ciganos, judeus e dos conquistadores castelhanos, e cujas influências seriam definitivas na vida do futuro escritor.

García Lorca formou-se em direito pela Universidade de Granada, onde estudou também filosofia. Em 1919, mudou-se para Madri e lá conheceu o cineasta Luis Buñuel. Tornou-se grande amigo ainda do mestre do surrealismo Salvador Dalí. Por essa época nasceram suas primeiras obras literárias, como *Impressões e paisagens* (1918) e o *Livro dos poemas* (1921).

Em 1928 publicaria o *Romancero gitano*, composto por 18 poemas, no qual se encontram os motivos andaluzes da sua origem. Lorca sempre foi um artesão da palavra, acolhendo em seus versos as revigorantes sugestões populares e inspirando-se nos cancioneiros do século XV.

Depois dos estudos na Espanha, Lorca vai para Cuba e para os Estados Unidos, como estudante da Universidade Colúmbia, em Nova York. Ao voltar à Espanha, cria o teatro universitário ambulante La Barraca, com o qual faz montagens de peças de autores espanhóis consagrados, como Lope de Vega e Miguel de Cervantes.

Federico tornou-se um dos mais representativos poetas espanhóis e um dos mais traduzidos do mundo. O escritor foi assassinado em agosto de 1936, durante a Guerra Civil Espanhola, por integrantes do regime nacionalista.

Quando Ariano conheceu Hermilo, mostrou-lhe seus poemas e o amigo demonstrou grande interesse por aqueles ligados ao romanceiro nordestino. Ariano já tinha escrito "Os Guabirabas", "A morte do touro Mão de Pau" e "Galope à beira-mar". "Ele me disse que eu precisava conhecer o teatro de García Lorca e me apresentou a ele." Federico García Lorca, poeta e dramaturgo espanhol, significou para Ariano um caminho novo e fundamental para o rumo que tomaria a sua criação dali em diante. Diferente do teatro do norueguês Ibsen, exibia cavalos, grupos de ciganos, festas de rua – imagens que também sempre fizeram parte do universo sertanejo de Ariano Suassuna.

Tais elementos povoavam a obra de Lorca por integrarem o romanceiro ibérico, sua maior fonte de inspiração. Com as obras do espanhol, Ariano pôde comprovar o que se tornaria uma linha-mestra de seu trabalho: "Toda obra de arte é ligada a um local determinado, toda arte é nacional. Ninguém mais espanhol do que Cervantes e ninguém mais universal do que Cervantes", sempre reforçou Ariano, usando o exemplo da Espanha. "Obras criadas em locais determinados e com todas as características dos países em que foram realizadas tornam-se universais por sua alta qualidade e pela divulgação que alcançaram, o que permitiu que elas fossem incluídas no patrimônio comum da Arte mundial."

Em abril de 1946, o Teatro do Estudante de Pernambuco encenaria uma peça contra o nazismo, *O segredo*, do espanhol Ramón Sender. O improviso era parte do espetáculo: as mesas da biblioteca da faculdade transformaram-se em palco para o grupo. No ano seguinte, seria a vez de *O urso*, de Anton Tchekhov. Mais tarde, o TEP criaria um espaço cênico ambulante que, a exemplo do teatro ambulante de García Lorca, foi batizado de A Barraca. A intenção era realizar apresentações em praças públicas, pátios de feira, presídios e orfanatos. A peça em lona foi projetada e construída com o apoio da Base Naval do Recife. Em 1948, o grupo apresentaria *Cantam as harpas de Sião* – que dez anos depois receberia o nome de *O desertor de Princesa*. Sob a direção de Hermilo Borba Filho, com A Barraca instalada no parque 13 de Maio, centro do Recife, aconteceria, em 18 de setembro daquele ano, a estréia teatral de Ariano Suassuna – um sucesso de público e crítica.

Mas *Cantam as harpas de Sião* não foi a primeira obra de teatro escrita por Ariano. Antes dela, em 1947, ele havia criado *Uma mulher vestida de sol*. O título vem de um trecho do Apocalipse de são João, onde é dito sobre Nossa Senhora: "Um sinal grandioso apareceu no céu: uma mulher vestida de sol, tendo a lua debaixo dos pés e sobre a cabeça uma coroa de doze estrelas; estava grávida e gritava, entre as dores do parto, atormentada para dar à luz." Inscrita num concurso promovido pelo TEP, *Uma mulher vestida de sol* conquistou o prêmio Nicolau Carlos Magno, mas não chegou a ser encenada. A estréia só aconteceria muitos anos depois, e na televisão: em 1994, adaptada para TV, foi exibida pela Rede Globo, sob a direção de Luiz Fernando Carvalho. Também era a primeira vez que um texto do paraibano ia parar na televisão.

No início da década de 1950, Hermilo mudou-se para São Paulo, voltando para Recife nos anos 1960. É então que ele co-

# TEP

Nas palavras de Hermilo Borba Filho, fundador do Teatro do Estudante de Pernambuco, "o TEP estimulou, fundou e encenou as primeiras manifestações de uma dramaturgia nordestina, que representa o que a nossa tradição, os nossos contos e mitos, nosso romanceiro e nosso espírito populares têm de mais verdadeiro e profundo. ... O TEP realizou um movimento artístico que alcançou quase todas as artes, sendo escola de autores, encenadores, cenógrafos, mas também de pintores, músicos, poetas, novelistas, estudiosos das tradições e artes do povo; criou uma editora e lançou livros."*

Segundo Laurenio de Melo, as atividades do TEP se desenvolviam em três direções:

> Levar o teatro ao povo, representando em praças públicas, teatros suburbanos, centros operários, pátios de igrejas etc.; instaurar, entre os componentes do conjunto, uma consciência da problemática teatral, através não só do estudo das obras capitais da dramaturgia universal, mas também da observação e pesquisa dos elementos constitutivos das várias modalidades de espetáculos populares da região; e, finalmente, estimular a criação de uma literatura dramática de raízes fincadas na realidade brasileira, particularmente nordestina.

---

* Hermilo Borba Filho, "Caminhos de um teatro popular", *Diário de Pernambuco*, Recife, 28 nov 1974, p.11.

manda a criação do Teatro Popular do Nordeste, o TPN, um grupo profissional que se propunha também a dar continuidade ao trabalho do Teatro do Estudante de Pernambuco. Uma das idéias do grupo era valorizar não só o teatro como também a literatura e a poesia popular nordestina. Segundo Benjamin Santos, ex-integrante do TPN, outras características do grupo eram: "revezamento de papéis importantes, divulgação do nome do grupo e não de atores isolados, formação de atores pela montagem sucessiva de espetáculos em função da estética procurada, incentivo ao estudo e à reflexão, formação de pessoal paralelo ao palco (cenógrafos, figurinistas, aderecistas...) ... Em resumo, seria um teatro com o canto, a dança, a máscara, o boneco, o bicho... uma recriação do espírito popular nordestino." Era um teatro vivo e aberto, provocando uma grande identificação entre os que estavam dentro e fora do "palco". Entre as obras de Ariano que Hermilo dirigiu estão *A farsa da boa preguiça, A pena e a lei, A caseira e a Catarina* e o *Auto da Compadecida,* que em 1957 daria a ele o prêmio de diretor revelação da Associação Paulista de Críticos Teatrais, APCT. Em 1969 o diretor recebeu do governo francês o título de Chevalier de L'Ordre des Arts et des Lettres.

Além de Hermilo, Ariano conheceu no tempo do Teatro do Estudante amigos que o estimularam e o acompanharam no gosto pela arte, como Fernando José da Rocha Cavalcante, Carlos Maciel, Salustiano Gomes Lins, Ana e Rachel Canen, Joel Pontes, Ivan Neves Pedrosa, Galba Pragana e muitos outros. Além do teatro, os interesses do grupo chegavam à música, às artes plásticas e, claro, à literatura. E os jovens chamavam atenção para Pernambuco como um centro de criação artística do Brasil. O escritor Carlos Newton Júnior lembra que, em 21 de julho de 1949, o franco-argelino Albert Camus esteve no Recife e foi saudado em discurso, na Faculdade de Direito, por Hermilo e seus companheiros do TEP. Ao apresentar o amigo ao ilustre escritor, Hermilo disse: "Este aqui é o poeta Ariano Suassuna, que já escreveu três peças e muitos versos, gosta de falar na sua terra ainda virgem que é o Sertão e recita de memória os sonetos de Camões e as canções de Federico García Lorca."

Como se vê, na vida do jovem escritor os mestres da literatura já desempenhavam papel importante, mas na vida pessoal surgiria uma personagem que seria a principal entre todas as outras – pronta para transformar tormento em alegria, sofrimento em festa, melancolia em luz: Zélia de Andrade Lima, uma moça que, tempos depois, ganharia o "Suassuna" no final do nome.

# 3

# A Mulher e o Reino Armorial

Os anos de juventude, compartilhados entre a Arte e os amigos, não conseguiriam apagar um tormento que parecia perseguir a vida de Ariano: a morte do pai, uma marca de sofrimento jamais disfarçada ou aliviada. "A vida assim me aparecia: estranha e perigosa; uma estrada diante da qual meu sangue se crispara de uma vez para sempre, tornando-me tenso e cerrado ante os enigmas e as ciladas do Mundo", definiria Ariano.

Mas uma personagem mudou o rumo dessa prosa: "Meu sangue iluminou-se e a crispação desapareceu." Ela era uma moça loura, de olhos claros, bonita demais. Chamava-se Zélia. A primeira vez que notou aquele rapaz esguio, ele não reparou que havia chamado atenção. "Veja que desaforo. Mas é que ela era muito menina."

Zélia tinha 13 anos quando viu Ariano, com 17, pela primeira vez. O episódio aconteceu no cinema Art Palácio, no centro do Recife. Os dois estavam dentro da sala de exibição, pouco antes do início da sessão de um filme português sobre o poeta Luís de Camões. A moça tinha ido até lá acompanhada das irmãs e reparou quando um rapaz foi passar de uma fileira para outra mais à frente e, em vez de dar a volta, passou por cima das cadeiras. Ela achou isso o máximo. "Imagine o juízo dos dois na época – tanto o juízo de quem pulou como o de quem achou bonito", disse Ariano certa vez.

Alguém imaginaria que um encontro casual dentro de um cinema, uma atenção provocada pela atitude inusitada de um rapaz que pulou as cadeiras da sala, gerasse tanto amor, por tanto tempo? "Ela é a grande figura da minha vida", declararia Ariano muitas e muitas vezes. Mas o momento no Art Palácio serviu só para que Zélia jamais esquecesse o rapaz. Nada aconteceria imediatamente. Três anos depois, ele ia andando pela rua Nova, também no centro do Recife, quando aí já não pôde deixar de notar "aquela figura radiosa". A moça, agora com 16 anos, não mais passaria despercebida.

Os dois estavam em frente à igreja de Nossa Senhora da Conceição dos Militares, fato que levaria Ariano a dizer, tempos depois: "Tinha que ser mesmo com ajuda de Nossa Senhora!" O jovem não só notou a moça como reparou que ela estava olhando para ele. "Aí eu pensei: aquela alminha está querendo reza..." Quando voltou para casa, disse à irmã Germana: "Hoje eu vi uma lourinha linda na rua Nova. E ela olhou pra mim com um olho de quem tinha segundas intenções." Germana, já ciente das palhaçadas do irmão, retrucou: "Deixe de ser pretensioso que uma menina bonita não vai olhar para um bicho feio como você."

Mas o fato é que ela não só havia olhado como também revelado o interesse pelo rapaz. Alguns dias depois, Germana o procurou, toda espantada: "Ariano, era verdade. A menina é irmã de uma colega do trabalho. A moça chama-se Zélia, e a minha colega garantiu que ela é toda entusiasmada com você." O brincalhão não perdeu a chance: "Eu não disse? Eu disse!"

Menos de quinze dias depois, Ariano vinha pelo centro quando avistou Zélia na fila do ônibus, sozinha dessa vez: "Ah, não perco essa oportunidade, não!" Ele se aproximou e disse-lhe: "Você não se importa de me conhecer assim, sem ninguém para nos apresentar?" Ao que a moça respondeu com a maior naturalidade: "Não, não me importo!"

O primeiro diálogo entre os dois é hoje parte de um capítulo da literatura brasileira. Está no livro *A história do amor de Fernando e Isaura,* primeiro romance de Ariano, escrito em 1956 após a sugestão de Francisco Brennand para que o amigo criasse uma versão nacional para a história de Tristão e Isolda. O romance só foi publicado em 1994.

Dois ou três dias depois do encontro no ponto de ônibus, uma jovem que trabalhava na Faculdade de Direito convidou Ariano para uma festa de aniversário. Zélia iria com as irmãs e pediu que Ariano fosse avisado. Ele chegou à festa antes dela, sozinho, com o coração alvoroçado. Foi recebido pela aniversariante e identificou-se: "Fui convidado por Zélia de Andrade Lima." Na festa já havia gente dançando e Ariano, mais por delicadeza, convidou a dona da casa para o salão. Mas quando Zélia chegou, ele não quis saber de mais ninguém – dançou com ela o resto da noite. "Naquele dia, eu a pedi em namoro. Era 20 de agosto de 1947, uma data histórica. E que namoro foi esse que não acabou ainda?!"

Em 6 de janeiro de 1948, um Dia de Reis, os dois passeavam, à tarde, pelas areias da praia de Boa Viagem. E Ariano, cheio de amor e coragem, fez um pedido especial: perguntou se Zélia queria casar-se com ele. "Foi o dia mais importante da minha vida." O casamento só aconteceria nove anos depois, em 19 de janeiro de 1957, data do aniversário do pai dele. O casal teve seis filhos: Joaquim, Maria, Manuel, Isabel, Mariana e Ana. A Zélia, Ariano dedicou poemas e obras inteiras. Não houve um só ano, desde 1947 quando começaram a namorar, em que os aniversários de namoro e de casamento não fossem comemorados.

Com a vida mais leve e feliz ao lado da namorada, divertimentos e alegrias da juventude passaram a ser freqüentes. Mas Zélia não estava por perto quando Ariano e um grupo de amigos, entre eles um cunhado da namorada, Marcos Lisboa, decidiram, numa noite de

*Amor da vida inteira.*

*A ponte da Boa Vista e a rua da Aurora, do outro lado do Capibaribe, no Recife: o rio custou a Ariano uma noite na cadeia.*

verão no Recife, refrescar o calor com um banho no rio Capibaribe – à época ainda sem poluição. Um dos amigos se encarregou de vigiar as roupas e os outros, nus, mergulharam no rio. Ocorre que o lugar escolhido para o banho noturno ficava muito perto da Secretaria de Segurança Pública; um policial avistou o grupo e foi tomar satisfações. Levados para a delegacia, os rapazes precisaram se identificar.

O delegado, ao descobrir o sobrenome de Ariano, perguntou:

— Qual seu parentesco com o dr. Saulo Suassuna?

— Ele é meu irmão, respondeu.

E veio a repreensão:

— O senhor, integrante de uma das mais respeitadas famílias do Recife, tomando banho?

**A mulher e o reino**
*Com tema do Barroco brasileiro*

Ó Romã do pomar, relva, esmeralda,
olhos de Ouro e de azul, minha Alazã!
Ária em cordas do Sol, fruto de prata,
meu chão e meu anel, Céu da manhã!

Ó meu sono, meu sangue, dom, coragem,
água das pedras, rosa e belveder!
Meu candeeiro aceso da Miragem,
meu mito e meu poder - minha Mulher!

Diz-se que tudo passa e o Tempo duro
tudo esfarela: o Sangue há de morrer!
Mas quando a luz me diz que esse Ouro puro

se acaba por finar e corromper,
meu sangue ferve contra a vã Razão
e pulsa seu Amor na escuridão!

— E o senhor não toma, não?, questionou Ariano.

— Mas nu?, continua o delegado.

— E por acaso o senhor toma banho vestido?

A gaiatice custou uma noite inteira na cadeia, numa cela compartilhada entre os amigos. Sobre ela, Ariano disse: "Hoje, é uma história boa de contar, mas muito ruim de passar."

Já então a vida de escritor aparecia como rumo traçado e destino para Ariano. Em 1949, ele escreve uma peça em três atos, *Os homens de barro*. Um ano depois era a vez de outra obra de dramaturgia, o *Auto de João Cruz*, criação pela qual recebeu o prêmio Martins Pena. Também em 1950, concluiu o curso de direito na Universidade Federal de Pernambuco.

Já advogado e noivo de Zélia, Ariano contraiu tuberculose. Por isso, foi descansar e tratar-se em Taperoá. Acreditava-se que o clima sertanejo e a distância das cidades fariam bem à saúde. Foram dois anos no interior. E, durante essa temporada, em 1951, ele escreveu uma peça para ser encenada por bonecos de mamulengo chamada *Torturas de um coração ou Em boca fechada não entra mosquito*.

A idéia era apresentá-la num dia muito especial: Zélia e dona Ritinha chegavam do Recife para visitá-lo. E assim foi feito. A peça foi encenada por ele, acompanhado pelo terno de pífanos de seu Manoel da Campina. Até hoje *Torturas de um coração* é muito representada Brasil afora.

Curado e de volta ao Recife, em 1952, o jovem advogado trabalhou no escritório do jurista Murilo Guimarães. Mas a literatura disputava espaço com alvarás, mandados e petições – e sempre vencia. Foi nesse ano que Ariano escreveu também a peça *O arco desolado*, recebendo menção honrosa no concurso do IV Centenário da Cidade de São Paulo. E aí não parou mais, sempre criando literatura, principalmente peças de teatro. Em 1953, inspirado em um folheto de cordel, escreveu *O castigo da soberba*, peça em único ato.

O ano de 1954 foi um marco: Ariano havia decidido que era urgente mudar o rumo de sua vida, e que nesse novo caminho não estavam incluídas as funções de um advogado. "Percebi que precisava deixar o direito exatamente quando comecei a ganhar dinheiro com a profissão. Vi que, aos 50 anos, seria um advogado rico e totalmente infeliz."

A decisão gerou duas conseqüências, a primeira meramente simbólica: ele queimou os livros de direito, como que se libertando de uma carreira com a qual não se identificava. A segunda e definitiva para a literatura brasileira foi a troca do gênero trágico, que havia marcado até então a maioria de suas obras, por uma escrita mais ligada ao risível e ao picaresco. Ainda no ano de 1954 escreveu *O rico avarento*, entremez popular baseado em peça de mamulengo.

No começo da carreira, o jovem escritor se dedicava muito mais a tragédias do que ao estilo cômico. Talvez uma influência de seu percurso de vida, marcado inicialmente por sangue e sofrimento e só depois iluminado com sopros de alegria. A primeira exceção chega com a peça dedicada à noiva, *Torturas de um coração*. E foi como se um caminho para o riso houvesse se descortinado na literatura de Ariano e começasse a ocupar um espaço no palco principal. Um caminho que teve um início lento, cuidadoso, até deparar-se com um êxito arrebatador: o *Auto da Compadecida*.

A peça em três atos foi escrita em 1955, atendendo a uma encomenda do Teatro do Estudante de Pernambuco, e se transformou em livro no ano seguinte. Narrada por Gregório, o inesquecível palhaço dos meninos de Taperoá, parte da obra é baseada em histórias do romanceiro popular do Nordeste, encontradas na literatura de cordel.

Aquela que hoje é uma das obras mais celebradas da dramaturgia nacional não obteve êxito nas primeiras vezes em que foi encenada. Dirigida por Clênio Wanderley e apresentada pelo Teatro Adolescente do Recife, apenas metade das cadeiras foi ocupada pelo público na

## AUTO DA COMPADECIDA

A peça de maior sucesso de Ariano Suassuna é totalmente influenciada pela literatura do Nordeste. O enredo do primeiro ato baseia-se em *O dinheiro*, folheto escrito pelo "príncipe dos poetas", Leandro Gomes de Barros, e registrado pelo pesquisador cearense Leonardo Mota como *O enterro do cachorro*. "Tempos depois de escrever a peça, descobri que *O enterro do cachorro* era uma história do século V, encontrada no norte da África. E também que havia sido aproveitada por um grande escritor francês do século XVIII, Alain-René Lesage, numa novela picaresca chamada *Gil Blas de Santillana*", surpreendeu-se Ariano.

O segundo ato – onde surge o gato que pode render fortunas porque "descome" dinheiro, despertando a cobiça da mulher do padeiro – tem enredo baseado em outro folheto: *História do cavalo que defecava dinheiro*, também registrado por Leonardo Mota, e de autoria desconhecida. No terceiro ato, quase todos os personagens são mortos e se deparam com o julgamento divino. Alguns são socorridos pela intervenção de Nossa Senhora, a Compadecida. O episódio é baseado em *O castigo da soberba*, mais um auto popular, este anônimo, que Ariano conheceu na infância, em Taperoá.

O protagonista João Grilo, o parceiro de Chicó em artimanhas e presepadas, tem astúcia, "a coragem do pobre", segundo um ditado popular nordestino comungado por Ariano. Também o nome e a natureza do personagem têm raízes profundas. O autor o encontrou em mais um cordel, do poeta e editor de folhetos João Martins de Athayde (também um paraibano que viveu em Pernambuco): *As proezas de João Grilo*. "Queria prestar uma homenagem exatamente à vertente picaresca de nossa herança ibérica por achar que era um nome nordestino e brasileiro." Tempos depois, o escritor descobriria que o personagem também aparece no romanceiro português, com o mesmo traço sagaz do Grilo nordestino.

O *Auto da Compadecida* já foi encenado em vários países, tais como Alemanha, Estados Unidos, Finlândia, França, Espanha, Grécia, Holanda, Israel, Polônia, Portugal, Suíça e Tchecoslováquia, bem como em muitos outros da América do Sul, como lembra o escritor Carlos Newton Júnior, um dos maiores estudiosos da obra de Ariano Suassuna. O livro recebeu traduções em inglês, francês, espanhol, holandês, hebraico e alemão. O autor não permitiu, no entanto, que a peça fosse encenada nos Estados Unidos pelo celebrado Actor's Studio. "Recusei porque eles exigiam que eu cedesse também os direitos de filmagem. E o meu desejo era o de que o filme fosse feito aqui no Brasil."

Desejo atendido. O *Auto* chegou ao cinema, pela primeira vez, em 1969, dirigido por George Jonas, com o título de *A Compadecida*, e trazia no elenco nomes que se tornariam sucesso no Brasil: Regina Duarte (como a Compadecida), Armando Bogus e Antônio Fagundes. Francisco Brennand desenhou cada um dos figurinos; o cenário foi da arquiteta italiana naturalizada brasileira Lina Bo Bardi, autora do projeto do Museu de Arte de São Paulo. A cidade de Brejo da Madre de Deus, no Agreste pernambucano, sediou as gravações.

*Os Trapalhões no Auto da Compadecida* levariam Didi, Dedé, Mussum e Zacarias à segunda versão para o cinema, em 1987. O autor resistiu em autorizar as filmagens, dirigidas por Roberto Farias – temia que a linguagem de sua literatura não se afinasse com o perfil dos Trapalhões. Depois, Ariano se confessaria feliz com o resultado final e com o uso da trilha sonora composta pelo músico Antônio José Madureira.

Em setembro de 2000, chegaria às telas a terceira versão da peça, agora dirigida pelo pernambucano Guel Arraes. Um ano antes, o livro havia se transformado em uma microssérie, exibida pela Rede Globo em quatro capítulos. No elenco, Fernanda Montenegro como a Compadecida, Matheus Nachtergaele, Selton Mello, Diogo Vilela, Denise Fraga, Paulo Goulart, Marco Nanini e Lima Duarte.

noite de estréia do *Auto da Compadecida* no Teatro de Santa Isabel, em 11 de setembro de 1956. "Na segunda noite, só conseguimos ocupar um quarto do teatro. A terceira apresentação foi suspensa. Não tivemos público", recordaria o autor.

No primeiro mês do ano seguinte, Ariano e Zélia estavam em lua-de-mel quando a trupe da *Compadecida* embarcou, junto com o casal, para o Rio de Janeiro. O papel de Nossa Senhora era representado pela atriz paraibano-pernambucana Socorro Raposo. Passados cinqüentas anos da estréia, Socorro continuaria ocupando no palco a mesma função, o que levou Ariano a dizer: "Ela é a minha Compadecida de ontem, de hoje e de sempre."

O grupo se apresentaria no Teatro Dulcina, durante o I Festival de Amadores Nacionais, promovido pela Fundação Brasileira de Teatro. Uma platéia fascinada assistiu à encenação, que foi interrompida, muitas e muitas vezes, pelos aplausos.

> A gente não esperava aquela explosão toda, foi uma grande surpresa. Quando terminamos a apresentação, o público subiu nas cadeiras de madeira. Todos batiam os pés com vigor, fazendo muito barulho. ... Logo no início, eu estava um pouco temeroso. Era um tipo de peça que nunca tinha se visto nem no Recife, quanto mais no Rio de Janeiro. Esse negócio de cachorro enterrado em latim... Jamais esperava o resultado alcançado. Eu não pensava nunca que o *Auto da Compadecida*, um dia, saísse do Recife.

A peça venceu o festival, recebendo a medalha de ouro da Associação Brasileira de Críticos Teatrais.

O centro do Recife, como o de muitas cidades do Brasil, tem lojas grudadas umas nas outras, vendedores ambulantes espalhados pelas

O Auto da Compadecida, *maior sucesso de Ariano, estréia no Rio de Janeiro, em 1957, no Teatro Dulcina.*

ruas, carros e ônibus sempre com pouco tempo e pressa demais, gente indo e vindo. A arquitetura é uma amálgama de estilos, com casas e prédios que foram surgindo à medida que muitos outros eram destruídos e as grandes avenidas impunham novos caminhos. O resultado é, quase sempre, de pouca harmonia. Mas aqui e ali, como um alento para os olhos, um prédio histórico resistiu, fazendo da lembrança um presente de beleza.

É assim com a catedral de São Pedro dos Clérigos, templo que ocupa a parte principal do pátio de mesmo nome. A construção foi iniciada em 1728. Em estilo barroco, a porta em jacarandá é ladeada por esculturas em pedra calcária. Cercando a igreja, casinhas em estilo colonial, pintadas com cores fortes. Foi nesse patrimônio brasileiro que aconteceram, no dia 18 de outubro de 1970, um concerto e uma

*O Recife em 1940. Aqui e ali, um ou outro prédio histórico resistiu.*

exposição de artes. O evento foi chamado de "Três Séculos de Música Nordestina: do Barroco ao Armorial".

Era ali anunciada a estréia de um movimento artístico e cultural no país: o Movimento Armorial.

A idéia central era, e é até hoje, criar uma arte brasileira erudita baseada nas raízes populares da nossa cultura. A palavra "armorial" é, originalmente, um substantivo – o nome que se dá ao livro onde são registrados símbolos de nobreza, como os brasões, ou então ao conjunto desses símbolos, ensina-nos o dicionário. Mas Ariano Suassuna, idealizador do Movimento Armorial, explicaria no programa distribuído no concerto de 1970: "Passei a empregá-lo também como adjetivo. Primeiro, porque é um belo nome. Depois, porque está ligado aos esmaltes da Heráldica, limpos, nítidos, pintados sobre metal, ou por outro lado, esculpidos em pedra com animais fabulosos, cercados por folhagens, sóis, luas e estrelas."

Coerente e bem fundamentado nas idéias que estava lançando, Ariano continuava a sua explicação: "Descobri que o nome 'Armorial' servia, ainda, para qualificar os 'cantares' do Romanceiro, os toques de viola e rabeca dos Cantadores – toques ásperos, arcaicos, acerados como gumes de faca-de-ponta, lembrando o clavicórdio e a viola-de-arco da nossa Música Barroca do século XVIII."

Para o criador do movimento, se "armorial" era um nome usado para definir um conjunto de insígnias, brasões, estandartes e bandeiras de um povo, aqui, entre os brasileiros, a heráldica era, então, uma arte popular. Porque ele sempre defendeu que "a unidade nacional brasileira vem do Povo, e a Heráldica popular brasileira está presente, nele, desde os ferros de marcar bois e os autos dos Guerreiros do Sertão até as bandeiras das Cavalhadas e as cores azuis e vermelhas dos Pastoris da Zona da Mata". E continuava falando de manifestações da cultura

## MOVIMENTO DA ARTE BRASILEIRA

Os que foram à catedral de São Pedro dos Clérigos em 18 de outubro de 1970 puderam ver uma exposição que reunia gravuras, pinturas e esculturas exibindo o conceito de arte defendido pelo Movimento Armorial. A música foi a atração principal. A Orquestra de Câmara Armorial, nascida no Conservatório Pernambucano de Música e sob a direção do violinista Cussy de Almeida, executou, iniciando a noite de festa, músicas barrocas do século XVIII.

Os compositores escolhidos para a primeira parte do programa foram os pernambucanos José Lima e Luís Álvares Pinto, este o patrono da cadeira nº2 da Academia Brasileira de Música. Nascido no Recife em 1917, Álvares Pinto viajou à Europa para se dedicar aos estudos musicais e é autor de *A arte de solfejar*, apontada como a segunda obra de teoria musical criada no Brasil. Quem acompanhou o concerto da catedral no Recife ouviu o Te Deum criado pelo compositor.

O segundo trecho do programa trouxe músicas de compositores do século XX, como Capiba, Jarbas Maciel, Clóvis Pereira e Guerra Peixe – este um fluminense de Petrópolis que viveu no Recife, onde conheceu e se encantou pela música dos maracatus, dos grupos de cocos e blocos de frevo, paixão que levaria o sociólogo Gilberto Freyre a chamá-lo de "sulista nordestinizado". César Guerra Peixe compôs arranjos sinfônicos para músicas de Chico Buarque, Luiz Gonzaga e Tom Jobim e foi também violinista da Orquestra Sinfônica Nacional.

O *Diário de Pernambuco* noticiou em 20 de outubro que "um numeroso público assistiu e prestigiou" o concerto da antevéspera. Ariano gostaria de ter marcado a estréia do Movimento no dia 9 de outubro, lembrando os 40 anos da morte de seu pai, mas a orquestra só pôde se apresentar no dia 18.

popular e também do futebol para explicar a escolha pelo nome do movimento que estava criando, mostrando outros exemplos da heráldica nacional: "Desde os estandartes de Maracatus e Caboclinhos até as Escolas de Samba, as camisas e as bandeiras dos Clubes de futebol do Recife ou do Rio."

Desde muito novo, Ariano se interessou por várias formas de expressão artística: pintura, música, escultura. Aprendeu a tocar um pouco de violão e também piano, pintou alguns quadros e, tempos depois, criou as gravuras que enfeitam as páginas do seu *Romance d'A Pedra do Reino*. E vieram então as iluminogravuras – gravuras a partir da idéia das iluminuras medievais.

Por levar as manifestações de arte muito a sério, como um compromisso de criação e vida, Ariano achou que precisava escolher e dedicar-se a apenas uma delas. Foi assim que Ariano virou escritor, sem deixar de se encantar por muitas outras formas de arte. E também de se preocupar com o rumo que artistas davam às suas criações. Quando o Movimento Armorial foi lançado, ele confessa que buscava lutar contra uma possível vulgarização e descaracterização da arte brasileira.

Um ano antes, em 1969, fora nomeado diretor do Departamento de Extensão Cultural da Universidade Federal de Pernambuco (DEC/UFPE), cargo que ocupou até 1974. Desde 1956 era professor da universidade, responsável pela disciplina de estética. Com a nova função, esforçou-se para que o cargo e o trabalho da instituição pudessem ter, de fato, o objetivo de promover políticas de cultura. E foi como diretor do DEC e com o apoio da instituição que conseguiu fundamentar e desenvolver as propostas do Movimento Armorial. Foi assim também que passou a defender, nos quatro cantos do

*O jovem criador do Movimento Armorial em dois momentos: acima, de pé, no encontro com estudantes e abaixo em conversa dirigida a uma platéia mais formal.*

Na Idade Média, muitos dos livros eram criados nos mosteiros. Peças raras, compostas uma a uma, inventadas ou reproduzidas sob a luz da paciência e do talento de monges copistas. Para ilustrá-los, surgiam arabescos, desenhos, enfeites. Os ornamentos que uniam a linguagem literária às artes gráficas foram chamados de iluminuras, e eram usados principalmente para as letras capitulares.

A partir da idéia e do nome das iluminuras, Ariano Suassuna criou as iluminogravuras, unindo gravura e poesia numa só obra de arte. A primeira coleção de iluminogravuras foi lançada em 1980 sob o nome de *Sonetos de mote alheio*. Também foram iluminogravados, em 1985, *Sonetos de Albano Cervonegro*. O escritor Carlos Newton Júnior relacionou 20 poemas iluminogravados no livro organizado por ele que reúne a obra poética do escritor paraibano. Um exemplo:

Brasil, a arte popular – nunca uma arte menor, com menos valor do que aquela produzida com estudos e erudição.

A música foi a força motriz do Movimento Armorial. Nos sons de pastoris, reisados, cavalos-marinhos, cirandas e maracatus, os músicos armoriais fundamentaram as bases de suas criações. As linhagens indígena, negra e ibérica, principalmente as barrocas, serviram de objeto de estudo para os artistas. A idéia era que a arte popular não fosse simplesmente reproduzida com instrumentos eruditos, mas sim recriada. Que ela servisse de chão e raiz para a construção de uma nova arte brasileira. O folheto de apresentação da Orquestra Armorial dizia que o grupo pretendia "fincar os pés nas raízes barrocas e populares do sangue nacional brasileiro". Ariano também propôs a valorização de instrumentos musicais populares, como a rabeca, o pífano e a viola sertaneja.

*O Quinteto Armorial tocando na Casa da Cultura:*
*a música foi a força motriz do movimento desenvolvido por Ariano.*

## ARTE POPULAR E ARTE ERUDITA



Se o Movimento Armorial defende a criação de uma arte erudita brasileira a partir das raízes populares da nossa cultura, é importante, então, definir o conceito de cultura popular. É Ariano, professor de estética e de história da cultura brasileira, quem nos dá a definição:

> A meu ver, a cultura popular é aquela feita pelos integrantes do quarto Estado – fazendo uma alusão à Revolução Francesa e ao escritor russo Dostoievski, pelo qual eu tenho grande admiração. Na Revolução Francesa havia três classes sociais: nobreza, clero e o chamado povo. Mas esse povo, na época da Revolução, era uma ficção porque, de fato, aí se ocupavam duas classes: a burguesia, que estava começando a emergir como classe dominante, e a classe proletária, formada pelos operários urbanos. ...
>
> Aplicando os termos no Brasil de hoje, o que eu chamo de arte popular é a arte criada pelos integrantes do quarto Estado – essa imensa maioria de despossuídos que formam o povo do Brasil real. As pessoas, às vezes, chamam de arte popular aquela que tem uma divulgação muito grande. Já me disseram algumas vezes: "A sua peça *Auto da Compadecida* é uma das obras do Teatro popular brasileiro." Eu fico muito honrado, mas isso não é verdade. Dentro da minha visão, o *Auto da Compadecida* é uma obra escrita por uma pessoa que não pertence ao quarto Estado. Ela é baseada em obras de arte que são, de fato, populares. Para escrever o *Auto da Compadecida* eu me baseei em três folhetos da Literatura de Cordel. Esses três folhetos pertencem à arte popular. Repito que, a meu ver, a arte popular é aquela feita pelos integrantes do quarto Estado. Um espetáculo do Auto de Guerreiros é arte popular, mas um balé baseado no Auto de Guerreiros não é uma arte popular.

E, por ser criada pelo povo, a expressão artística reflete as aspirações, desejos, crenças e formação desse povo. "A grande força da arte popular é que ela expressa aquilo que o povo vê e o que o povo sente", diz Ariano, e faz questão de ressaltar: "A arte popular não é uma arte inferior – é uma arte diferente, na qual o povo se expressa como quer e como acha que deve se expressar. Não há qualquer relação de superioridade ou inferioridade entre as artes erudita e popular." Ele complementa dizendo que a arte popular só pode ser formulada em países onde uma cultura dominou outra. No caso do Brasil, lembra que a base da cultura erudita vem das nossas tradições ibéricas. "E, ao ser reinterpretada por negros, índios e mestiços, deu origem à cultura popular."

O Quinteto Armorial foi o primeiro representante musical do movimento. Logo, os músicos do grupo passariam a integrar a Orquestra de Câmara que realizou três importantes concertos no país, todos no início da década de 1970. A estréia nacional foi para o projeto "Concertos para a Juventude", promovido numa parceria entre o Ministério da Educação e a Rede Globo. Depois, na Sala Cecília Meireles, no Rio de Janeiro, peças do cancioneiro do Nordeste dividiram o programa com obras como *As quatro estações,* do veneziano Antonio Vivaldi. O terceiro concerto foi realizado na Universidade Federal do Rio Grande do Sul.

Mas surgiram desentendimentos com o violinista Cussy de Almeida, fundador da orquestra. E Ariano decidiu que a música com a qual sonhara deveria, então, ser levada adiante pelo Quinteto Armorial. Liderado pelo músico e compositor Antônio José Madureira, criador e instrumentista de estirpe privilegiada, a primeira formação do Quinteto tinha ainda Egildo Vieira (pífano e flauta), Edilson Eulálio (violão), Fernando Torres Barbosa (berimbau nordestino) e Antônio Carlos Nóbrega, este aclamado pelo país até hoje por seu trabalho incessante de exaltação à cultura do Brasil.

O disco de estréia do grupo, *Do romance ao galope nordestino*, de 1974, trouxe na capa uma gravura de Gilvan Samico, mais um integrante do Movimento, na área das artes plásticas. Entre as doze músicas do LP, composições do maestro Guerra Peixe, outras criadas por Nóbrega e Madureira e duas obras baseadas em romances populares: o "Romance da bela infanta", de origem ibérica e do século XV, e o "Romance de Minervina", este nordestino, provavelmente do século XIX – ambos recriados por Antônio Madureira.

A apresentação escrita por Ariano para o disco afirmava:

*Antônio Nóbrega, um dos integrantes da primeira formação do Quinteto Armorial, e sua rabeca.*

Iniciado oficialmente em 1970, o Movimento Armorial interessa-se por Cerâmica, Pintura, Tapeçaria, Gravura, Teatro, Escultura, Romance, Poesia e Música, sendo que estamos a ponto de tentar nossas primeiras experiências no campo do Cinema e no da Arquitetura. ... No que se refere à Música, o trabalho do Quinteto Armorial é o que, na minha opinião, temos de mais importante, pois já contamos com compositores que já estão dando o que falar, no campo da Música brasileira e erudita, de raízes nacionais populares.

## SAMICO

Ao completar 40 anos de carreira e 69 de vida, em 1997, o recifense Gilvan Samico tinha uma obra composta por 127 gravuras, mas a contabilidade tem pouca serventia. O que importa, de fato, no trabalho do artista gravador são a qualidade e a beleza que ele consegue imprimir a suas criações, todas possuidoras de um estilo único.

Na arte popular do Brasil, principalmente nas xilogravuras que marcam as capas dos folhetos de cordel, o artista foi buscar a linguagem da criação erudita recriada sob inspiração popular. E o faz com extrema dedicação – há quase quatro décadas produz uma só gravura por ano.

O gravador que desde 1965 passou a viver num sobrado em Olinda estudou gravura com Lívio Abramo, em São Paulo, em 1957, na Escola de Artesanato do Museu de Arte Moderna. No ano seguinte, no Rio de Janeiro, foi à Escola de Belas-Artes aprender com Osvaldo Goeldi. Chegou a morar na Europa por dois anos. Esteve por duas vezes nas bienais de Veneza e São Paulo e participou da mostra "Brasil +500".

Um dos primeiros integrantes do Movimento Armorial, é exaltado por Ariano Suassuna:

> É, então, por ter encontrado seu caminho dentro da maravilha que é a arte popular brasileira, que o mundo de Samico aparece com tanta força e novidade, harmonizados, nela, todos os contrastes e violências. Isto no panorama cinzento e monótono dos nossos meros imitadores, onde, quando ele começou, somente se exercitavam os maneirismos de uma "vanguarda" de segunda mão e onde, hoje, graças a ele, os pássaros de fogo do sol nordestino fulgem como estrelas nas torres e castelos do Reino do Sertão do Brasil.*

Outros nomes de peso lhe fazem coro. "É uma linguagem clara, límpida, mas plena de ecos. ... Pode-se dizer que Gilvan Samico, à sua maneira,

* *Samico: 40 anos de Gravura*. Rio de Janeiro/Recife, Centro Cultural Banco do Brasil / Museu de Arte Moderna Aloísio Magalhães, 1997/1998.

reinventou a linguagem figurativa da gravura, a partir da fonte popular, introduzindo nela um frescor e um sopro poético que a tornam uma das criações mais originais e admiráveis da arte brasileira contemporânea", escreveu o poeta Ferreira Gullar.

"Vejo na gravura de Gilvan Samico uma das conquistas mais elevadas da arte. E tenho em mente a conquista da poesia", sentenciou o poeta e crítico de arte Weydson Barros Leal. "Encantamento foi a palavra que usei para traduzir, com exatidão, meu sentimento e minha emoção diante de 15 gravuras, datadas de 1980 a 1995, expostas em São Paulo há dois anos e por mim apresentadas", lembrou o curador e crítico de arte Frederico Morais. Os comentários foram publicados no catálogo sobre Samico na série "Artistas do Mamam", do Museu de Arte Moderna Aloísio Magalhães, do Recife.

A estréia em disco foi louvada pela crítica. José Ramos Tinhorão saudou o Quinteto como "o milagre brasileiro" e escreveu para o *Jornal do Brasil*, em dezembro de 1974: "Embora seja impossível destacar qual a melhor faixa desse LP surpreendente e maravilhoso, onde tudo é perfeito, não se pode deixar de chamar a atenção para a composição intitulada 'Rasga', do jovem tocador de rabeca e violino Antônio Carlos Nóbrega de Almeida, que fecha o disco com uma consagração definitiva."

O Quinteto Armorial lançaria outros três discos, todos, como o primeiro, pela gravadora Marcus Pereira: *Aralume* (1976), *Quinteto Armorial* (1978) e *Sete flechas* (1980).

Outro nome de fundamental importância na música armorial é o de Lourenço da Fonseca Barbosa, o Capiba. São de sua autoria duas obras criadas para o movimento: "Sem lei nem rei", título de um romance do escritor pernambucano Maximiano Campos, e "Grande missa armorial".

Como sonhou o seu criador, o Armorial também teve representantes em outras artes. Além dos já citados, deve-se ainda lembrar Francisco Brennand, Aluízio Braga e Lourdes Magalhães, nas artes plásticas; Fernando Lopes da Paz e Arnaldo Barbosa, na escultura; Maria da Conceição Brennand Guerra, na tapeçaria; e Janice Japiassu, Ângelo Monteiro, Maximiano Campos, Marcus Accioly, Raimundo Carrero e Débora Brennand, na literatura – vertente que tem como maior representante, no movimento, o próprio Ariano.

No campo da dança, uma experiência de êxito e longevidade com a marca Armorial foi o Balé Popular do Recife, criado em 1977. Antes chamado de Grupo Circense de Dança Popular e composto por vários integrantes da família Madureira, o novo nome foi sugestão de Ariano quando de sua gestão como secretário de Educação e Cultura do Recife. Hoje o grupo é mantido sob a coordenação de André Madureira, tendo se apresentado em várias cidades brasileiras e também no exterior.

Armada a lona do seu Circo Armorial, Ariano permaneceu – como sempre o faria – em busca de outros sonhos.

Lourenço da Fonseca Barbosa, filho de um maestro e integrante de uma família de músicos, nasceu em 28 de outubro de 1904, em Surubim, cidade do Agreste de Pernambuco. Logo cedo, a família mudou-se para o Recife, e depois para a Paraíba. Por acaso – ou desígnio divino – Capiba passou parte da infância em Taperoá, onde tocou trompa na banda de música da cidade.

Aos 16 anos, iniciava carreira como pianista de cinema, quando o som ainda não tinha chegado aos filmes. Em 1930 fundou a Jazz Band Acadêmica. Em 1938, concluiu o curso de direito pela Universidade Federal de Pernambuco, mas nunca foi buscar o diploma.

Consagrado compositor de frevos, música nascida em Pernambuco, Capiba se apresentou pela primeira vez no Carnaval de 1934. Entre frevos-de-rua, frevos-de-bloco e frevos-canção, a maioria gravada pelo cantor Claudionor Germano, compôs mais de 100 peças. Em texto publicado pela Fundação Joaquim Nabuco, afirmou: "Sempre compus todo gênero de música. Gosto também, e muito, do frevo porque me dá uma constante sobrevivência artística, como compositor. Apresento-me nos carnavais pernambucanos desde 1934, para manter uma fogueira que vem acesa desde os idos da década de 1920, ou melhor, para não deixar cair a peteca." Mas confessou, certa vez: "Meu fraco mesmo são as canções, valsas e serestas."

Capiba é ainda autor de choros, sambas e maracatus, num total de mais de 200 criações. Musicou poemas de Castro Alves, Carlos Pena Filho, Vinicius de Moraes, Manuel Bandeira, João Cabral de Melo Neto, Alphonsus Guimaraens, Ascenso Ferreira, Jorge de Lima e muitos outros.

A fama veio com a música "Maria Bethânia", feita para a peça *Senhora de engenho*, de Mário Sette, em 1943. O cantor Nelson Gonçalves a gravaria no ano seguinte, deixando canção e compositor conhecidos no Brasil. Entre os frevos, "É de amargar" foi o primeiro sucesso.

Uma curiosidade: certa vez, Capiba encontrou-se com o primo Abelardo Barbosa, já famoso pelo Brasil, do que Capiba não sabia. Muito desligado, perguntou o que o primo Abelardo andava fazendo, onde trabalhava.

*Capiba (1904-1997)*

— Rapaz, eu sou Chacrinha!, disse-lhe o famoso.

— E o que é Chacrinha?, devolveu-lhe Capiba, pensando tratar-se de uma nova profissão.

A amizade que Capiba tinha pelos irmãos Suassuna também chegou ao caçula dos homens. Além de amigos, o músico e Ariano viraram compadres e parceiros musicais. Em 1960, participariam do II Festival Internacional da Canção, com a composição "São os do Norte que vêm", música de Capiba e letra de Ariano Suassuna. Ficaram em quinto lugar. Ainda compuseram juntos "A cantiga de Jesuíno".

Sobre o músico, disse o maestro Guerra Peixe:

> Capiba, em minha opinião, não é apenas um músico sumamente importante dentro do panorama da música popular brasileira. Antes de mais nada é um artista que se interessa por tudo quanto acontece no campo da arte, no Brasil e no mundo. Não é apenas o autor de frevos memoráveis e outros tipos de música que marcaram época. Transcende tudo isso. É um homem culto, humilde, pesquisador incansável, eclético: tanto aprecia um samba-canção, como sabe ouvir música erudita.

Capiba morreu no último dia do ano de 1997.

# 4

# Metade Rei, Metade Palhaço

Uma obra literária é algo permanente, perene, definitivo. E se o livro em questão tiver qualidade, alcançar êxito e encantar o leitor, aí a perpetuação ganha um significado pleno de eternidade. Há quem afirme que o ato de escrever é, de certa maneira, uma busca pela imortalidade – idéia compartilhada por Ariano Suassuna. Ele sempre disse que, se todos os seus livros fossem queimados e ele tivesse o direito de salvar apenas um deles, ficaria com o *Romance d'A Pedra do Reino e o príncipe do sangue do vai-e-volta.* E justifica a escolha dizendo que essa foi a obra em que melhor conseguiu expressar o seu universo de escritor.

Ariano sempre escolhe datas significativas para iniciar e concluir suas obras. Com *A Pedra do Reino* não foi diferente. O livro começou a ser escrito no dia 19 de julho de 1958, data do aniversário de Zélia. "A minha intenção era receber a influência dela, que me faz um bem danado." Só seria concluído mais de doze anos depois, no aniversário de morte do pai.

A sentença já foi proferida. Saia de casa e cruze o Tabuleiro pedregoso. Só lhe pertence o que por você for decifrado. Beba o Fogo na taça de pedra dos Lajedos. Registre as malhas e o pelo fulvo do Jaguar, o pelo vermelho da Sussuarana, o Cacto com seus frutos estrelados. Anote o Pássaro com sua flecha aurinegra e a Tocha incendiadora das Macambiras cor-de-sangue. Salve o que vai perecer: o Efêmero sagrado, as energias desperdiçadas, a luta sem grandeza, o Heróico assassinado em segredo, o que foi marcado de estrelas — tudo aquilo que, depois de salvo e assinalado, será para sempre e exclusivamente seu. Celebre a raça de Reis escusos, com a Coroa pingando sangue: o Cavaleiro em sua Busca errante, a Dama com as mãos ocultas, os Anjos com sua espada, e o Sol malhado do Divino com seu Gavião de ouro. Entre o Sol e os cardos, entre a pedra e a Estrela, você caminha no Inconcebível. Por isso, mesmo sem decifrá-lo, tem que cantar o enigma da Fronteira, a estranha região onde o sangue se queima aos olhos de fogo da Onça-Malhada do Divino. Faça isso, sob pena de morte! Mas sabendo, desde já, que é inútil. Quebre as cordas de prata

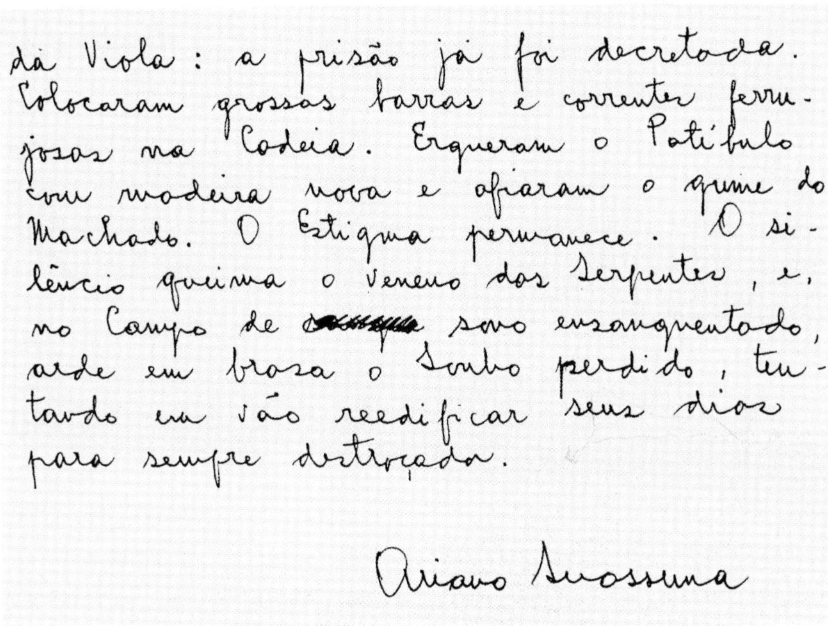

dá Viola: a prisão já foi decretada.
Colocaram grossas barras e correntes ferru-
josas na Cadeia. Ergueram o Patíbulo
com madeira nova e afiaram o gume do
Machado. O Estigma permanece. O si-
lêncio queima o Veneno das Serpentes, e,
no Campo de sono ensanguentado,
arde em brasa o Sonho perdido, ten-
tando em vão reedificar seus dias
para sempre destroçada.

Ariano Suassuna

*Manuscrito* d'A Pedra do Reino.

Ao ser publicado pela primeira vez, em 1971, foi celebrado e saudado como obra-prima por vários escritores. Rachel de Queiroz diz, no prefácio, que o livro "é romance, é odisséia, é poema, é epopéia, é sátira, é apocalipse... epopéia calcada nos sonhos, nas loucuras, nas aventuras e desventuras e nas alucinações genealógicas do cronista-fidalgo, rapsodo-acadêmico e poeta-escrivão d. Pedro Dinis Ferreira Quaderna". E afirmou: "Só comparo o Suassuna no Brasil a dois sujeitos: a Villa-Lobos e a Portinari." João Cabral de Melo Neto dedicou um poema ao livro e ao autor. Carlos Drummond de Andrade declarou: "Ah, escrever um livro assim deve ser uma graça, mas é preciso merecer a graça da escrita, não é qualquer vida que gera obra desse calibre."

O romance-memorial-poema-folhetim, segundo Drummond, ou romance armorial-popular brasileiro, como foi definido por Ariano, não é dividido em capítulos, mas em folhetos. A história começa a ser contada no final da década de 1930 (9 de outubro de 1938) e nos é narrada por Quaderna, numa ficção com um olhar para um passado real que teve o Sertão como cenário, mais especificamente a divisa dos estados de Pernambuco e da Paraíba, onde estão duas enormes pedras.

A primeira edição do *Romance d'A Pedra do Reino* tem 635 páginas. O livro passou mais de 30 anos fora de catálogo e foi relançado, em 2004, com 745 páginas. Antes disso, os franceses conheceram a obra em versão reduzida: *La pierre du royaume – version pour européens et brésiliens de bon sens* ("A Pedra do Reino, versão para europeus e brasileiros sensatos") foi lançado em 1998, traduzida por Idelette Muzart Fonseca dos Santos, estudiosa e admiradora da obra suassuniana. Segundo a pesquisadora, "trata-se de um texto diferente do original, graças a uma reorganização da obra publicada em 1971, transformando sua estrutura e sua cronologia inicial".

*O autor no lançamento do* Romance d'A Pedra do Reino, *livro fundamental em sua carreira. Rio de Janeiro, 1971.*

A história da criação do romance é conseqüência de duas outras tentativas feitas por Ariano para escrever um novo livro. No início dos anos 1950,

## AS PEDRAS ENCANTADAS DO SERTÃO

Nos anos 1830, na serra do Catolé, Sertão entre Pernambuco e Paraíba, o beato João Antônio dos Santos, um seguidor do sebastianismo, dizia ter sonhado com dom Sebastião o Desejado. O rei português desapareceu durante a batalha de Alcácer-Quibir, em 1578, no norte da África, fato que serviu de origem para o Movimento Sebastianista. No Brasil, os acontecimentos ligados ao sebastianismo datam da primeira metade do século XIX. No sonho de João Antônio, o soberano iria voltar.

O líder pregava que para libertar "O Encoberto" seria preciso lavar com sangue as duas enormes pedras sertanejas. E, a partir da volta de dom Sebastião, um reino de paz, justiça social, liberdade e prosperidade seria instaurado. Nele, pobres ficariam ricos, fracos renasceriam fortes, pretos ressuscitariam brancos.

O beato acabou sendo expulso da região, mas o Movimento Sebastianista foi retomado no mesmo lugar, também chamado de Pedra Bonita, por João Ferreira, um cunhado de João Antônio, que conseguiu levar centenas de fiéis ao local. Ele se proclamava rei e, como tal, dava-se o direito de cometer certas tiranias. Determinou, por exemplo, que todas as mulheres, ao casarem-se, passariam com ele a noite de núpcias.

A história oficial conta que, para lavar as pedras com sangue e desencantar dom Sebastião, mais de 80 pessoas foram sacrificadas, entre elas 30 crianças. O sangue de animais também serviu para apressar a volta do rei. Até que a Guarda Nacional decidiu intervir. A ação resultou num massacre, com muitas outras mortes. "Foi uma das maiores carnificinas acontecidas no Sertão de Pernambuco. O caso mais extraordinário, mais terrível, nunca visto", descreveu, à época, o prefeito da comarca de Flores, Francisco do Rego Paes.

buscou redigir aquilo que seria uma biografia de seu pai, sob o título de *Vida do presidente Suassuna, cavaleiro sertanejo.* "Fracassei porque a escrita trazia uma carga de sofrimento muito grande." A segunda tentativa veio em versos, um longo poema chamado "Cantar do potro castanho" – mas também não deu certo, e pelos mesmos motivos. Em 1958, o escritor começaria as anotações para o longo romance que viria a ser *A Pedra do Reino.*

Se os acontecimentos históricos povoam os livros, os personagens da ficção também chegam à vida real, num caminho de vai-e-volta. O *Romance d'A Pedra do Reino* chegou a São José do Belmonte, no Sertão pernambucano, em 1993, criando um ritual que desde então se mantém ano após ano. No último sábado do mês de maio, uma cavalhada acontece na cidade. A representação de origem medieval reúne os melhores cavaleiros, que, divididos em dois grupos, o azul e o encarnado, iniciam uma disputa.

O dia seguinte, o domingo, é de ainda mais festa. Nem é preciso que o sol apareça para que centenas de cavaleiros, vindos de várias cidades da região, comecem a chegar a Belmonte, muitos com os trajes dos vaqueiros, gibão, chapéu e muitos couros. São os integrantes da Cavalgada da Pedra do Reino. Os participantes, empunhando bandeiras de inspiração medieval, assistem a uma missa na praça central. E seguem juntos os 30 quilômetros rumo às pedras da serra do Catolé, as pedras do Reino. Lá, o escritor Ariano Suassuna está ajudando a criar a Ilumiara Pedra do Reino, um santuário ao ar livre enfeitado por enormes esculturas de santos em pedra calcária. As primeiras estão lá desde 1998 e são assinadas pelo escultor Arnaldo Barbosa. A inspiração de Ariano vem de um patrimônio histórico: o santuário de Congonhas, em Minas Gerais, onde estão as esculturas dos doze profetas do Aleijadinho. O escritor tem extrema admiração pelo escultor e pela obra.

As celebrações em Belmonte são organizadas pela Associação Cultural Pedra do Reino, criada para louvar e preservar a obra de Ariano. Ele participa do evento sempre que pode. Manuel Dantas Suassuna, seu filho, é o rei da Cavalgada. Certa vez, um dos cavaleiros disse a Ariano:

— Se seu filho é o rei, o senhor é o quê? Vice-rei?

— Vice-rei? Eu sou é imperador!

Estava assim proclamado: "Ariano Suassuna, imperador da Pedra do Reino".

*Ladeando a rainha da Cavalgada, o rei, Dantas Suassuna, e seu pai, o imperador Ariano Suassuna, em seu traje "Sport fino".*

*As pedras da serra do Catolé, destino final da Cavalgada da Pedra do Reino.*

No ano de 2002 os personagens e acontecimentos da *Pedra do Reino* desfilaram em outra avenida da vida real, liderados por seu mestre-criador. Foi quando a Escola de Samba Império Serrano, do Rio de Janeiro, homenageou Ariano, transformando seu universo literário em fantasias e alegorias. O autor confessa que relutou em aceitar o convite e só o fez depois de conhecer os moradores da comunidade da Serrinha, em Madureira, berço original da escola. Ao deparar-se com os componentes das alas das crianças e das baianas, Ariano viu que ali também estavam os representantes daquilo que ele chama de Brasil real.

Festa de rua, samba na avenida e, também, microssérie nas telas da TV. O *Romance d'A Pedra do Reino* chega à televisão no mesmo

## IMPÉRIO SERRANO

"Um escritor que ama seu país não pode querer homenagem maior que esta", disse Ariano Suassuna no final do desfile da Império Serrano de 2002, cujo tema foi sua obra.

Na Apoteose, onde os ingressos são mais baratos, o povo que Ariano tanto queria ver lotava as arquibancadas. Ele foi aclamado por uma platéia muito especial, um grupo de 150 moradores das cidades pernambucanas de São José do Belmonte e Casinhas que viajaram de ônibus até o Rio de Janeiro especialmente para vê-lo, e muitos também para participar do desfile. Elementos do universo nordestino e mitológico do escritor, como onças aladas, cangaceiros, ciganos e vaqueiros, passaram sambando pela avenida. Ariano desfilou no último carro junto com a mulher, Zélia. E, atendendo a um pedido dele, a escola escalou a sambista Dona Ivone Lara e o vaqueiro de São José do Belmonte Zeca Miron, na época com 87 anos, para se exibir no mesmo carro. Ariano queria ali, no ponto mais importante do desfile, dois representantes do Brasil real.

O escritor, que já declarou ser a literatura a sua grande festa, cantou e dançou na festa da avenida.

***Aclamação e coroação do imperador da Pedra do Reino – Ariano Suassuna***

(Aluízio Machado, Maurição, Carlos Sena, Elmo Caetano e Lula)

Sol inclemente
Vai além da imaginação
Sopro ardente, árida terra
Desse poeta cantador
Sede de vida, gente sofrida
Salve o lanceiro, guerreiro do amor

Cabra-macho, firmeza, que emoção
Liberdade, esperança, ressurreição
A bondade, a maldade no coração
Amor, verdade, eu encontro neste
chão
Vem que tem...

Tem azul, tem encarnado, tem
Numa comunhão de fé
Lança em punho ao som da luta
Desse sonho contra a dor
Resgatando o passado
Desse povo vencedor
Esses reis tão sertanejos
Descendentes de valor
E a Cavalgada parte
Lá de Belmonte
Pra serra do Catolé

Tão linda minha corte sertaneja
Marco forte, altaneira do Sertão
Buscando na justiça igualdade
Empunhando a bandeira na coroação

[refrão]
Hoje o império é a voz da razão
Onde reina a paz e a união
E é muito mais que uma paixão
Sou imperador... lá do Sertão.

ano em que Ariano Suassuna completa 80 anos, 2007. O responsável pelo projeto é Luiz Fernando Carvalho, um artista por quem Ariano alimenta imenso respeito e admiração e que já adaptara para a televisão *Uma mulher vestida de sol* (1994) e *A farsa da boa preguiça* (1995).

"O melhor lugar do mundo!" É assim que Ariano descreve a casa onde vive com Zélia desde 1960. A palavra "Compadecida" está esculpida em pedra calcária encravada num dos muros do jardim. A construção de 1870, além de moradia, transformou-se em espaço permanente de exposição de arte. O lugar abriga em cada recanto a marca e o gosto de seus donos, seja num quadro, numa gola de maracatu, numa peça barroca, num móvel herdado da família, numa escultura.

## A *PEDRA* NA TV

Muitos estudiosos da obra de Ariano dizem que a Taperoá descrita por ele nos livros nunca existiu. Porque tem festa demais, beleza demais, cores demais, arte demais, em meio a um Sertão que, para muitos, deve ser cinzento e sofrido. Seria então uma cidade sertaneja imaginária, criada pela fantasia do escritor, afirmam. A versão do *Romance d'A Pedra do Reino* para as telas confronta as duas: a Taperoá real e a imaginária, só que esta recriada por Luiz Fernando Carvalho e pela equipe da microssérie, formada principalmente por gente nascida no Nordeste.

A cidade imaginária da televisão foi construída dentro da Taperoá de verdade, ao lado de casas com mais de 200 anos de história. Luiz Fernando criou o roteiro junto com Bráulio Tavares e Luís Alberto de Abreu e teve como assistente um parceiro que trouxe herança para o trabalho: Manuel Dantas Suassuna, artista plástico, é filho de Ariano.

Mais de 200 pessoas, incluindo atores e equipe técnica, ficaram em Taperoá entre setembro e os últimos dias de dezembro de 2006, imersas e dedicadas ao universo de Ariano. A microssérie, uma co-produção da Academia de Filmes e da Rede Globo, é a origem do projeto Quadrante, idealizado pelo diretor. Luiz Fernando quer revelar o Brasil a brasileiros, permitindo que obras de autores nacionais sejam encenadas onde foram criadas, com a participação de atores e equipes de trabalho de cada região.

No início de novembro de 2006, a gente reunida para as gravações da microssérie encontrou-se, pela primeira vez, com o autor. Ele assistiu à apresentação de seus personagens, ouviu músicas da adaptação e conversou com a equipe. O encontro aconteceu em Taperoá, num antigo armazém transformado em galpão para os ensaios, então enfeitado com fitas coloridas.

Para Luiz Fernando Carvalho o trabalho de dirigir a *Pedra do Reino* foi obra da "providência divina".

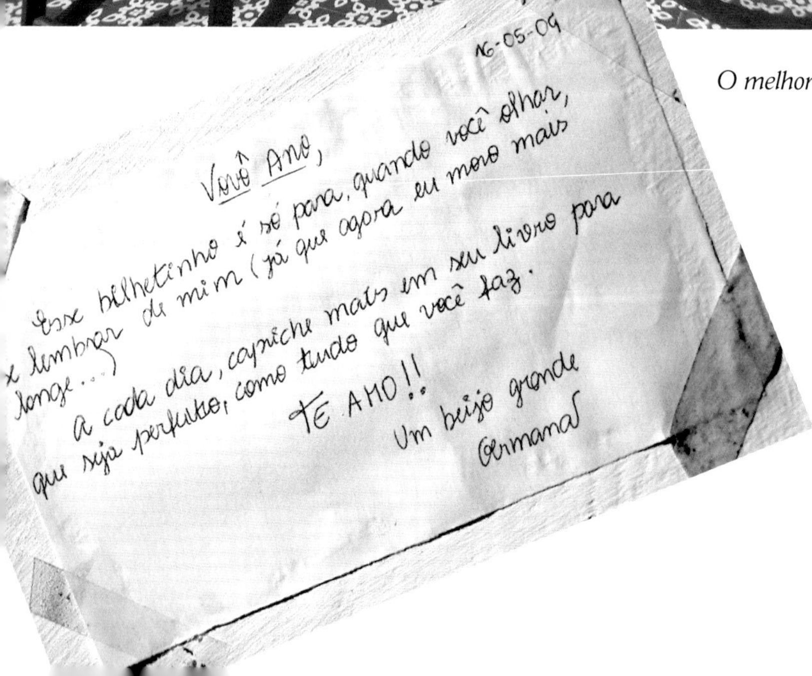

16-05-09

Vovô Ano,

Esse bilhetinho é só para, quando você olhar, se lembrar de mim (já que agora eu moro mais longe...)

A cada dia, capriche mais em seu livro para que seja perfeito, como tudo que você faz.

TE AMO!!

Um beijo grande

Amanda

*O melhor lugar do mundo.*

*Em casa, o local de trabalho é canto de criação do novo livro*

A fachada é revestida por azulejos azuis e brancos, peças únicas, criadas para a casa pelo amigo Francisco Brennand. As esculturas de Arnaldo Barbosa, Biu Santeiro e Zélia Suassuna se espalham entre as plantas. Os mosaicos assinados por um de seus genros, Guilherme da Fonte, exibem desenhos do *Romance d'A Pedra do Reino*, além de outros criados pelo artista. Pelas paredes da casa também há quadros de Alexandre Nóbrega, mais um genro e artista plástico, e pratos em cerâmica com desenhos feitos pela própria dona da casa.

*"Aos poucos eu fui notando que a minha casa se tornou simbólica."*

Na sala principal, todos os quadros são do filho Manuel Dantas Suassuna, artista plástico que recebe do pai toda a admiração. O mais significativo deles Ariano ganhou quando completou 70 anos. A família havia saído para comemorar a data quando o filho instalou na sala o presente. Ao vê-lo o aniversariante foi surpreendido pela emoção. Era um tríptico, obra composta por três painéis, onde podem ser vistos João e Rita Suassuna, pais de Ariano, a fazenda Acahuan da infância do escritor e as pedras do Reino da serra do Catolé.

*De filho para pai: o presente de Manuel Dantas Suassuna nos 70 anos de Ariano.*

Sobre o lugar onde mora, Ariano confessa: "Aos poucos eu fui notando que a minha casa se tornou simbólica. Ela é quase como o livro que estou escrevendo – ainda não está pronta, vai sendo feita a cada dia. E transformou-se na expressão plástica do meu universo, onde estão meus amigos, meus genros, meu filho e minha mulher."

O novo livro de que fala Ariano está sendo escrito desde 1981, num processo de criação que envolve literatura e artes plásticas. Ele escreve a mão cada uma das páginas e ilustra grande parte delas. "Se eu conseguir terminá-lo como quero, será o livro com o qual sonhei toda a minha vida. Nele estou unindo poesia, ensaio, romance e teatro."

Ariano iniciou a carreira com versos e a eles se dedica desde então, mas sua obra poética é quase desconhecida e quase inédita: em 1974, foi publicada *Seleta em prosa e verso* e, em 1999, Carlos Newton Júnior organizou e publicou dezenas de poemas do escritor. Apesar do desconhecimento dos leitores, Ariano faz questão de afirmar: "Na Literatura que me entusiasma, a Poesia é sempre o chão sagrado no qual a prosa Armorial viceja."

A informação de que a poesia vai estar presente no livro que escreve há tanto tempo é revelação inédita sobre o assunto. Ariano não fala muito sobre a nova obra. Mas adianta que ela é composta por quatro romances, o primeiro dos quais será uma nova versão da *Pedra do Reino*, que ele já está reescrevendo. "Eu tenho como sonho acabar esse livro. Com ele eu encerro a minha carreira de escritor. Este sonho me sustenta e me dá alegria."

*"Meu processo de criação é duro e demorado, pois escrevo a mão, corrijo, datilografo, corrijo, escrevo a mão de novo..."*

"E se a minha casa é o melhor lugar do mundo por que vou sair dela?" É brincando assim que Ariano justifica o fato de não gostar de viagens. Diz que viajar envolve, além de sair da casa, quatro coisas das quais ele não gosta: avião, aeroporto, hotel e restaurante. Muita gente chega a pensar que ele não entra em aviões. Entra, mas não gosta. E nem demonstra o medo que confessa ter. "Sempre me vêm com estatísticas, tentando provar que viajar de carro é mais perigoso, que as estradas são cheias de buracos. E eu respondo: 'Pior é no avião, que o buraco acompanha a gente o tempo inteiro.'"

Ariano já viajou por todo o país, mas nunca saiu do Brasil. Quando jovem, um grupo de amigos decidiu que ele deveria estudar no

*"Pior é no avião, que o buraco acompanha a gente o tempo inteiro!"*

exterior. Arranjaram tudo, conseguiram uma bolsa de estudos junto ao governo francês para que ele passasse uma temporada no país. Antes da viagem, um deles disse-lhe: "Ariano, você tem que sair do Brasil. Porque um escritor não pode conhecer verdadeiramente o seu país sem ir ao exterior." A frase não agradou ao quase viajante, que, discordando dela, decidiu ficar. "Quando *A Pedra do Reino* foi lançado na França, um crítico escreveu que se tratava de um livro criado por alguém extremamente culto. Se eu tenho, de fato, alguma cultura, digo sempre que ela foi toda adquirida aqui no Brasil, no Recife, na Universidade Federal de Pernambuco."

Ariano brinca ainda dizendo que tem muita vontade de conhecer Portugal, mas só iria "se ficasse ali em Alagoas". Explica também que o país é um dos que têm "o bom senso de falar português". E completa, com humor: "Se eu fosse alemão e tivesse que falar aquela língua acho que teria nascido mudo." Os convites para que ele saísse do Brasil foram muitos, todos recusados. "É por isso que sou um viajante imaginário, como o narrador do meu novo romance. Não tenho que viajar, não. Conheço a Rússia melhor do que muito russo, através simplesmente de Dostoievski, Gogol e Tolstoi."

Mas a obra de Ariano viaja, e muito. Em 1974, na Universidade Sorbonne, em Paris, Idelette Muzart defendeu a tese de mestrado *Le roman de chévalerie et son interprétation par un écrivain brésilien contemporain: "A Pedra do Reino", de Ariano Suassuna.* Vinte anos depois foi a vez de Claudia Leitão defender *Por uma ética da estética: esboço de uma ética armorial do homem do Sertão brasileiro,* na mesma universidade. Em 1979, Ray-Güde Mertin, da Universidade de Colônia, defendeu a tese *Ariano Suassuna: "Romance d'A Pedra do Reino": Zur Verarbeitung von Volks- und Hochliteratur im Zitat.* Em 1981, mais uma tese de mestrado, agora na Universidade do Texas, nos Estados Unidos: *A multiplicidade estrutural em "A Pedra do Reino", de Ariano Suassuna*, de Maria Odília Leal McBride. Sem falar nas muitas traduções das obras literárias em si, como *Der Stein des Reiches*, tradução de Georg Rudolf Lind para o alemão de *A Pedra do Reino*, entre várias outras, principalmente do *Auto da Compadecida*.

O escritor Ariano Suassuna sempre recebeu jornalistas em sua casa, sempre deu entrevistas. Durante anos e anos, pacientemente, sem reclamar, respondeu muitas vezes às mesmas perguntas, tais como "O que é o Movimento Armorial?", "O que o senhor acha da literatura de cordel?", "Como criou o *Auto da Compadecida*?". Muitas vezes também, os jornalistas quiseram saber sua opinião sobre assuntos que ele não dominava. Um repórter, insistentemente, solicitou uma entrevista sobre o que ele achava de alguém que dirigia falando ao celular. O escritor não dirige e nunca teve um telefone celular...

Ariano aposentou-se do cargo de professor da Universidade Federal de Pernambuco em 1989, depois de trinta e dois anos nas salas de aula. Bem antes disso, em 9 de agosto de 1981, o *Diário de Pernambuco* publicaria uma carta do escritor onde ele pedia, mais que tudo, sossego. Sob o título de "Despedida", alertava:

> Estou até tentando conseguir um local que nem minha família saiba onde é, um lugar onde eu possa me defender, assim, contra cartas, livros, telefones, revistas e televisões. A decisão está me custando muito, de modo que tenho o direito de pedir que ela seja respeitada. Com a exceção da Universidade, o que eu tinha de dizer, escrever ou fazer

em público, já fiz. Basta de tanta grandeza. O resto é segredo, um segredo entre mim e Deus.

Na carta, ele também se despedia da literatura. "Não me cobrem mais livros que não estou mais escrevendo e pelos quais já perdi qualquer interesse."

A despedida não vingou. Os pedidos continuaram, o interesse pela vida e pela obra do escritor também. E o principal: a literatura era então um caminho sem volta e não havia como optar por não o seguir. Apesar do cansaço do autor, ela já era permanente, já era sua vida.

A imortalidade chegaria alguns anos depois. Em 3 de agosto de 1989, Ariano foi eleito para ser o sexto ocupante da cadeira de número 32 da Academia Brasileira de Letras. A posse aconteceu em 9 de agosto do ano seguinte. Em ensaio para o *Cadernos de Literatura Brasileira*, do Instituto Moreira Salles, Marcos Vilaça, também imortal da ABL e o responsável pela candidatura do paraibano, narra um telefonema entre os dois:

— Você vai ser candidato único. Uma eleição tranqüila.

— E você acha isso bom? E se eu perder pra ninguém? Se não atingir o quórum? Minha família é ruim de urna. Desde 1930, ninguém vence uma eleição!

Venceu sim e, depois de eleito, Ariano fez questão de comparecer à cerimônia de posse com o traje feito por uma costureira do Recife, Edite Minervina de Lima. O fardão também teve bordados populares, criados por Cicy Ferreira, exímia bordadeira de um clube carnavalesco recifense, o Clube das Pás. O novo acadêmico explicou durante a posse que, com a escolha das duas, estava levando

*Na posse na ABL, em 1990, sendo cumprimentado por Barbosa Lima Sobrinho. Os bordados do fardão foram confeccionados por uma bordadeira do Recife.*

em conta uma idéia do pacifista Mahatma Gandhi. O líder hindu dizia que um indiano verdadeiro e sincero, mas pertencente às classes poderosas de seu país, não deveria nunca vestir uma roupa feita pelos ingleses. Primeiro, porque estaria sendo cúmplice daqueles que invadiram o país asiático. "Depois, porque estaria, com isso, tirando das mulheres pobres da Índia um dos poucos mercados de trabalho que ainda lhes restavam."

E Ariano passou a usar, desde então, somente roupas feitas por costureiras populares e que, segundo ele, correspondessem a uma espécie de média do uniforme de trabalho do brasileiro comum. "Não digo que fiz um voto, que é coisa mais séria e mais alta colocada nas dimensões de um profeta, como Gandhi, ou de um monge, como dom Marcos Barbosa. Não fiz um voto; digamos que passei a manter um propósito."

Em ocasiões especiais, o escritor veste-se com uma roupa especial. Ela surgiu quando, ao se preparar para receber uma comenda do governo de Portugal, notou que o convite pedia "traje esporte fino". Torcedor apaixonado do Sport Clube do Recife, time que considera "o primeiro sem segundo" e que usa uniforme rubro-negro, decidiu prestigiar o clube e solucionar o dilema de como se vestir para a solenidade: criou então o traje "Sport fino", composto por calça e casaco pretos de linho, camisa e meias vermelhas e sapato preto. E pronto: é vestido assim que Ariano comparece a eventos solenes ou que tenham mais importância para ele. Foi com o "Sport fino", por exemplo, que ele recebeu das mãos do presidente Lula, em 1998, a comenda da Ordem do Mérito Cultural, e que desfilou na Marquês de Sapucaí no Carnaval de 2002.

Depois da posse na Academia, voltaram as entrevistas, os pedidos de prefácios, os encontros com estudantes. Foi-se o sossego. Ariano chegou a ser convidado para sair candidato a vice-presidente da República, mas não aceitou a indicação. Em 1995, não resistiu: foi nomeado secretário de Cultura do estado de Pernambuco pelo então governador Miguel Arraes. Com o cargo, o escritor passou a assumir publicamente o papel de promotor e incentivador da criação artística popular. Chamou para si a responsabilidade de valorizar a cultura criada pelo povo brasileiro.

Simbolicamente, nomeou como assessores um índio da etnia fulniô, um negro e uma mulher: "É para que os que venham à

## O DISCURSO DE POSSE NA ABL

No final do *Romance d'A Pedra do Reino*, o personagem Quaderna, o Decifrador sonha que, ao entrar para a Academia Brasileira de Letras, é coroado rei por José de Alencar e Euclides da Cunha, dois imortais. No seu discurso de posse na ABL, Ariano confessou que o sonho era comum ao personagem e ao autor do livro: "Ainda menino, cheguei à arbitrária convicção de que, a 9 de outubro de 1930, eu fora escolhido para ocupar, na vida, uma Cadeira ideal, cujo fundador, meu pai, João Suassuna, escolhera Euclides da Cunha como seu patrono – e este foi um dos motivos mais poderosos entre os que me fizeram aspirar à honra de sentar-me aqui, ao lado de todos." E, em tom mais político, concluiu o discurso:

> Euclides da Cunha, mesmo ofuscado, ao se ver diante do povo brasileiro real, pôde tomar seu lado – e o grande livro que é *Os sertões* resultou do choque experimentado ante aquele Brasil brutal, mas verdadeiro, que ele via pela primeira vez em Canudos e que amou com seu sangue e com seu coração, se bem que nunca o tenha compreendido inteiramente com sua cabeça, meio deformada pela falsa ciência européia que o Brasil oficial venerava, e ainda venera, como dogma. Quando ele fala com base nesta falsa ciência, erra. E acerta quando deixa falar sua genial intuição de poeta. A sorte é que aquela pseudociência, enfatuada, pretensiosa e equívoca, perde-se no galope épico da ação, no cenário e nos personagens, erguidos e transfigurados pela extraordinária linguagem alegórica, áspera e profética que ele criou. Se queremos, mesmo, encontrar um caminho para nosso País, temos que segui-lo, levando adiante, na medida das forças de cada um, a chama iluminadora daquele que foi e continua a ser a obra fundamental para o entendimento do Brasil. A pedra angular para a futura edificação de nossa Pátria como Nação. Uma nação na qual a cisão atual seja substituída pela indispensável identificação e onde, pela primeira vez em nossa atormentada História, o Brasil oficial se torne expressão do Brasil real.

Secretaria saibam logo onde estão entrando", dizia. Também teve como assessores mestres da cultura popular, como o xilogravurista Amaro Francisco, o escultor Arnaldo Barbosa e Manoel Salustiano Soares, o Mestre Salustiano, criador de grupos de maracatu, ciranda, mamulengo – considerado um dos mais importantes artistas populares do Brasil. Na descrição de Ariano, "um homem do povo que une o 'riso a cavalo' e o 'galope do sonho'".

O Movimento Armorial ganhou fôlego novo e apoio em diversas iniciativas. O artista plástico e diretor teatral Romero de Andrade Lima encenou *A história do amor de Romeu e Julieta* – uma recriação do clássico da dramaturgia mundial por um autor de cordel, João Martins de Athayde – e dois espetáculos de dança: *A demanda do graal dançado*, com coreografia de Maria Paula Costa Rego, e *Pernambuco do Barroco ao Armorial*, com coreografia de Heloísa Duque e Marisa Queiroga, com cenário e figurino de Dantas Suassuna.

Como parte do programa de trabalho da Secretaria, Ariano inventou aquilo que chamou de aulas-espetáculo. O arauto da cultura nacional estava de volta à vida pública, animado, animoso e confiante em sua missão. Começou aí uma peregrinação em teatros, escolas, universidades e centros culturais por todo o país para ministrar aulas. Aceitava todos os convites, sem nada cobrar. Impelido por sua vocação de ator circense frustrado, começou a apresentar-se para muitas platéias diferentes, empunhando bandeiras as quais defendia com vigor, sendo mais uma vez absolutamente coerente com seus valores.

Quando começou, dizia que as aulas-espetáculo poderiam ser de três tipos. A primeira era a "completa", com músicos e dançarinos no palco, exemplificando com arte as lições do professor. A segunda era a "reduzida", em que ele se apresentava com o músico Antônio José Madureira, também seu assessor na Secretaria. A última era a "reduzidíssima", quando ele assumia sozinho palco e platéia.

Ariano nunca levou texto pronto para as aulas – tudo, ou quase tudo, vem de improviso, como um cantador nordestino puxando versos da memória e da força criadora. O que importou sempre, segundo ele, foi discutir a situação da cultura brasileira. E assim segue "versando". Ele compara um boneco de madeira encontrado no Sertão de Pernambuco com uma gravura deixada numa pedra em Atenas, na Grécia; embrenha-se pelos meandros da literatura, costurando García Lorca, Camões, Dostoievski e Cervantes com a destreza de uma bordadeira do Sertão da Paraíba. Ao final de mais de duas horas de espetáculo, encanta as platéias, que invariavelmente o presenteiam com uma salva de palmas.

O lado cômico do escritor, sempre capaz de arrancar muitos risos, ia alinhavando assuntos sérios com graça e brincadeira. Em um congresso de jornalistas de países de língua portuguesa, em Pernambuco, precisou deixar em disparada o teatro, lotado por quase três mil pessoas. Saiu pelos fundos da casa de espetáculos. Os estudantes haviam subido no palco, ao final da aula, e queriam autógrafos, fotos, beijos! A fuga foi uma forma de se desvencilhar de uma multidão exaltada – fato raro, pois dificilmente ele recusa pedidos de admiradores para fotografias ou assinaturas em cadernos, guardanapos, costas e frentes de livros. Certa vez, num estádio de futebol, assistindo a um jogo de seu Sport, chegou a autografar o braço de um torcedor – do time adversário...

No ano de 2005, durante a Festa Literária de Paraty, no Rio de Janeiro, ele já não era secretário de Cultura. Mas permaneceu como mestre de suas aulas-espetáculo e foi convidado para mostrar uma delas aos participantes do evento. Assim que entrou no local onde aconteceria a aula, foi aplaudido de pé, durante alguns minutos. Ovacionado antes mesmo de abrir a boca, antes de dizer qualquer coisa. Chamado de "pop star", o escritor, que não gosta de palavras estrangeiras, acha graça.

Ocupou o cargo de secretário de Cultura até o final do governo Arraes, em dezembro de 1999. Então, mais uma vez recorreu a uma carta para despedir-se de tantos compromissos, mais uma vez se confessava cansado. Mais uma vez, a tentativa foi frustrada. Em 2007 assumiu novamente a função no governo de Eduardo Campos.

## A CARTA DE DESPEDIDA

Aos jornalistas, médicos, cineastas, videastas, professores, juízes, advogados, estudantes, militares, engenheiros, radialistas, padres e intelectuais de todos os tipos. A meus parentes, amigos e admiradores, principalmente (mas não exclusivamente) os mais próximos.

Durante os últimos anos, atendi praticamente a todas as solicitações que recebi sobre aulas, feiras de ciência, artigos, mesas-redondas, programas de televisão e de rádio, homenagens, semanas culturais, entrevistas, orelhas ou prefácios de livros, depoimentos para vídeo, filmes ou revistas, cartas de recomendação para instituições culturais diversas, apresentações em catálogos de exposições etc. Além disso, também foi muito grande a quantidade de teses e manuscritos que recebi com pedido para ler, sugerir e opinar, se possível por escrito. Detalhe curioso: alguns desses manuscritos e teses continham duras acusações contra mim;

*"Com um grande e afetuoso abraço do amigo Ariano Suassuna."*

de modo que, afinal, o que seus autores queriam era que eu os ajudasse a insultar-me com mais eficácia.

A tarefa de enfrentar tudo isso sempre foi mais ou menos pesada. Mas, durante os quatro anos em que fui secretário de Cultura de Pernambuco, meti na cabeça que não tinha o direito de recusar nenhum pedido ou convite: passei a atender a tudo, de graça como sempre fiz, não aceitando sequer as importâncias com as quais algumas instituições queriam me remunerar pelas aulas-espetáculo. Eu respondia sempre que elas faziam parte do programa de trabalho da Secretaria; que eu as dava no cumprimento da missão de defender a cultura brasileira; e que, por isso, não podia, não devia e nem queria receber qualquer importância por elas, cujo pagamento estava incluído no salário que o estado de Pernambuco me pagava como secretário.

O resultado de tudo foi que passei os últimos anos sem fazer o que realmente quero e sonho, impedido de seguir minha verdadeira vocação – a de escritor. Faz muito tempo que não escrevo, não falo e não leio o que quero; só tenho escrito, falado ou lido o que interessa a outros – principalmente a todos aqueles a quem estou me dirigindo nesta carta.

Por isso, preciso, agora, da compreensão e do apoio de todos. Estou com quase 72 anos e não consegui nem sequer começar o livro que sonhei fazer durante toda minha vida. É um romance, um longo romance, de modo que não tenho mais o direito de dispersar esforços com outras atividades. Recomecei-o no dia 8 de dezembro de 1998; entretanto, não acabara a primeira parte quando cheguei à evidência de que, antes dele, tenho que escrever e publicar outros livros, que servem de introdução ensaística e teórica ao romance. Como escritor, sou muito exigente comigo mesmo: meu processo de criação é duro e demorado, pois escrevo a mão, corrijo, datilografo, corrijo, escrevo a mão de novo, corrijo, datilografo, corrijo... e vai por aí.

Chega-se, portanto, a uma conclusão: ou eu corto tudo agora (sem fazer qualquer exceção, para que ninguém tenha motivo de queixa), ou vou morrer frustrado, sem realizar o sonho do escritor que venho tentando e pretendendo ser desde meus 12 anos.

A princípio, pensei em cobrar uma importância alta, que afastasse os eventuais postulantes sem que eu ficasse na situação, incômoda, de recusar. Por exemplo: uma aula-espetáculo custaria tanto, no Recife, e o dobro fora (porque detesto viajar, seja por qual veículo for).

Mas aula-espetáculo pelo menos ainda é uma maneira de exercer outra vocação minha, a de professor. O pior são as entrevistas; nelas, às vezes, o jornalista é um adversário ou até um inimigo, que insiste em colocar entre aspas e como se fossem minhas as palavras e opiniões que ele (ou o órgão para o qual ele trabalha) gostaria que eu pensasse ou dissesse.

Por isso, pensei também em exigir dois tipos de pagamento para entrevistas, um para os assuntos ligados à Cultura, e o dobro para as que se referissem a outros (pois recentemente recebi um pedido para dar uma entrevista a respeito de empregadas domésticas, assunto que não é propriamente da minha especialidade).

Para que vocês tenham uma idéia da gravidade do problema que estou vivendo, vai aí um pequeno episódio. Um jornalista, que, por telefone, tinha me solicitado uma entrevista, chegou à minha casa, sentou-se, ligou o gravador e perguntou:

— O que é que o senhor acha da Aids?

— Gosto mais de Dostoievski!, vi-me obrigado a responder.

Foi por causa desta e de outras que pensei em cobrar; mas depois, pensando melhor, vi que a exigência de pagamento não era um bom caminho para obter o sossego absolutamente indispensável a meu trabalho de criação. Por exemplo: como é que eu iria agir de tal modo com um diretor ou professor de escola pública que não pudesse pagar - eu, o velho professor que sempre dei aulas em instituições de ensino público?

Além disso, tenho verdadeiros amigos entre professores, jornalistas, intelectuais, médicos etc. E, com o temperamento que tenho, para mim seria uma verdadeira tortura falar com eles nos termos frios de uma exigência financeira.

Assim, o melhor, mesmo, é parar. Faço um apelo a todos vocês, pedindo que compreendam minha situação e me deixem sossegado para escrever, porque estou ficando realmente angustiado: na idade em que estou, não sei nem se vou ter tempo de vida suficiente para terminar o livro do qual falei e que, para ser feito como penso e quero, vai ter mais de 20 volumes.

Por isso peço que não vejam na minha atitude qualquer ato de hostilidade de minha parte. Eu tinha que tomar esta resolução e, mais do que isto, tinha que escrevê-la; porque, há poucos dias, um amigo me pediu uma aula-espetáculo e, como eu falasse no livro e na possibilidade de não poder concluí-lo, ele me disse, como se tivesse recebido alguma garantia de Nosso Senhor a tal respeito:

— Não, com isso não se preocupe, porque você não vai morrer tão cedo!

Pode até ser. Mas como também não recebi nenhuma garantia explícita, o melhor mesmo é que eu ajude Nosso Senhor a ajudar-me, tomando as providências que me são possíveis e entre as quais o adiamento da minha morte infelizmente não está incluído.

Com um grande e afetuoso abraço do amigo,

Ariano Suassuna

Nosso personagem-escritor disse certa vez: "Há duas raças de gente com as quais simpatizo: mentiroso e doido, porque eles são primos legítimos dos escritores. O que é um mentiroso? É um camarada que não se conforma com o universo comum e inventa outro. Ora, isso é um escritor. Eu também sou assim. Na minha vida não acontece nada, se eu não mentir o que é que eu vou contar?"

Mas aí já há uma mentira. Como foi visto, a vida de Ariano Suassuna serve a um livro, a muitos livros. Uma história que pode ter se passado no cenário fantástico e de muitos sonhos, criado pelo cronista-fidalgo, rapsodo-acadêmico e poeta-escrivão d. Ariano Vilar Suassuna, devoto de Nossa Senhora, de santa Teresa D'Ávila, de santa Madalena, de santa Rita de Cássia, de são Francisco de Assis e de são João da Cruz. Se para ele a "Literatura é missão, vocação e festa", é festa o que se vê nesse cenário:

> uma Festa; uma Dança que, como a dos Espetáculos populares brasileiros, tenha seus mantos e golas recobertos de vidrilhos e lantejoulas; alegre e ensolarada aqui, noturna, sagrada e bela acolá; religiosa e compassiva, em sua profanidade; luzida e intrépida em sua vitória sobre a feiúra, o sofrimento e a injustiça. Uma Festa na qual caibam as coisas mais diferentes: o brilhante e o monstruoso; o insólito e o trivial; o grotesco e o terrível; o trágico e o cômico; a emoção e a bufonaria.

E, ao som da música e com a imagem colorida da dança, seguirá a narração do escritor-personagem:

> Não vale como exemplo para ninguém, pois, ao que parece, para nada serve esse amontoado de acontecimentos sem sentido ao qual ordinariamente se dá o nome de experiência. Apenas, sagrada e tris-

te, contém ela, em si, a dor, as lágrimas, a exultação e os extravios – enfim, o bem e o mal misturados que implica, necessariamente, toda e qualquer história de homem.

Mas a nossa história termina mesmo é com o imperador da Pedra do Reino, guerreiro e rei de honra do Maracatu Rural Piaba de Ouro, no centro do palco, ou do picadeiro armorial, homem paraibano que viveu em Pernambuco mais do que em qualquer outro lugar do mundo, sertanejo sem lá ter nascido, brasileiro por nascimento, convicção, orgulho e admiração a seu povo. Criador de cabras e de literatura. Meio rei, meio palhaço, dividido entre os dois hemisférios da alma humana, exibindo o lado trágico do primeiro, escancarando o que persiste de cômico no segundo. Um completando o outro, os dois equilibrando-se entre si. O hemisfério rei se complementando com o hemisfério profeta; o hemisfério poeta, com o palhaço.

# ANEXOS

# Leituras fundamentais de Ariano Suassuna

A idéia era que Ariano Suassuna listasse obras da literatura, brasileira e mundial, que influenciaram a sua formação de escritor. O desafio foi aceito, mas Ariano ressalta que, entre os escolhidos, há alguns autores considerados por muitos como de segunda ordem; outros são notadamente célebres. E todos foram fundamentais para a sua formação intelectual.

Pois bem, eis os livros descobertos por ele no período que vai das primeiras leituras até os 17, 18 anos. A ordem da listagem das obras segue a cronologia do autor: do menino de Taperoá ao jovem estudante do Recife.

- Coletânea "O tesouro da juventude", de autores diversos. Entre os volumes mais lembrados estão *O livro dos porquês* e *O livro dos contos.*
- *Obras completas,* de Monteiro Lobato, um presente da mãe, dona Rita
- *Tarzan,* de Edgar Rice Burroughs
- *Scaramouche,* de Rafael Sabatini
- *Beau geste,* de Percival Christopher Wren
- *Através do Brasil,* de Olavo Bilac e Manoel Bonfim
- *História do Brasil para crianças,* de Viriato Correia
- *Os olhos velados de Londres,* de Edgar Wallace
- *Os três mosqueteiros,* de Alexandre Dumas
- *Violeiros do Norte,* de Leonardo Mota
- *Cantadores,* de Leonardo Mota
- *Contos populares do Brasil,* de Silvio Romero
- *Cantos populares do Brasil,* de Silvio Romero

- *Coração,* de Edmondo D'Amicis
- *O guarani,* de José de Alencar
- *Doidinho,* de José Lins do Rego
- *Memórias póstumas de Brás Cubas,* de Machado de Assis
- *Quincas Borba,* de Machado de Assis
- *Os Sertões,* de Euclides da Cunha
- *A carne,* de Júlio Ribeiro
- *O cortiço,* de Aluízio Azevedo
- *A cidade e as serras,* de Eça de Queiroz
- *A correspondência de Fradique Mendes,* de Eça de Queiroz
- *Os Maias,* de Eça de Queiroz
- *Assim falou Zaratustra,* de Friedrich Nietzsche
- *Origem da tragédia,* Friedrich Nietzsche
- *A ilustre casa de Ramires,* de Eça de Queiroz
- *Dom Sebastião, rei de Portugal,* de Antero de Figueiredo
- *A velhice do padre eterno,* de Guerra Junqueiro
- Toda a obra de Émile Zola
- *Terras do Sem-fim,* de Jorge Amado
- *Pedra Bonita,* de José Lins do Rego
- *Épocas e individualidades,* de Clóvis Beviláqua
- *Caminhos cruzados,* de Érico Veríssimo
- *Saga,* de Érico Veríssimo
- *Crime e castigo,* de Dostoievski
- *O idiota,* de Dostoievski
- *Os demônios,* de Dostoievski
- *Os irmãos Karamazov,* de Dostoievski
- *Dom Quixote,* de Miguel de Cervantes
- *Novelas exemplares,* de Miguel de Cervantes
- *Guerra e paz,* de Lev Tolstoi
- *Anna Karenina,* de Lev Tolstoi
- *Eu,* de Augusto dos Anjos

A extensa lista inclui algumas estrelas de primeira grandeza – livros que, depois do encantamento, tornaram-se leitura e paixão por toda a vida. A eles Ariano Suassuna volta muitas e muitas vezes: as obras de Dostoievski, *Os Sertões* e *Dom Quixote.*

# Seleção de obras de Ariano Suassuna

Indicamos aqui os principais títulos para se conhecer a obra de Ariano Suassuna. Para uma bibliografia completa acesse www.zahar.com.br/ariano

## TEATRO

**1947** *Uma mulher vestida de sol.* Parcialmente publicado na revista *Estudantes,* ano III, n.4. Recife, out 1948.

**1948** *Cantam as harpas de Sião.* Inédita.

**1949** *Os homens de barro.* Inédita.

**1950** *Auto de João da Cruz.* Inédita.

**1951** *Torturas de um coração ou Em boca fechada não entra mosquito.* Publicado em Hermilo Borba Filho, *Fisionomia e espírito do mamulengo.* Rio de Janeiro, Instituto Nacional de Artes Cênicas, 2ª ed. 1987.

**1952** *O arco desolado.* Inédita.

**1953** *O castigo da soberba.* In *Seleta em prosa e verso.* Rio de Janeiro/Brasília, José Olympio/Instituto Nacional do Livro, 1974.

**1954** *O rico avarento.* In *Seleta em prosa e verso,* op.cit.

**1955** *Auto da Compadecida.* Rio de Janeiro, Agir, edição comemorativa e revista pelo autor 2004.

**1957** *O casamento suspeitoso.* Recife, Igarassu, 1961.

1957 *O santo e a porca.* Rio de Janeiro, José Olympio, 8ª ed. 1989.

1958 *Uma mulher vestida de sol* (2ª versão). Recife, Imprensa Universitária, 1964.

*O desertor de princesa* (reescritura de *Cantam as harpas de Sião*). Inédita.

*O homem da vaca e o poder da fortuna.* In *Seleta em prosa e verso,* op.cit.

1959 *A pena e a lei.* Rio de Janeiro, Agir, 4ª ed. 1998.

1960 *Farsa da boa preguiça.* Rio de Janeiro, José Olympio, 2ª ed. 1979.

1964 *O seguro.* Inédita.

1987 *As conchambranças de Quaderna.* Inédita.

1996 *A história do amor de Romeu e Julieta.* Publicado em *Folha de S. Paulo,* Caderno Mais, 19 jan 1997.

## ROMANCE

1956 *A história do amor de Fernando e Isaura.* Recife, Bagaço, 1994.

1966 *O sedutor do sertão.* Inédito.

1958-70 *Romance d'A Pedra do Reino e o príncipe do sangue do vai-e-volta.* Rio de Janeiro, José Olympio, relançado em 2004.

1975-76 *História d'O rei degolado nas caatingas do sertão: Ao sol da onça Caetana.* Rio de Janeiro, José Olympio, 1977.

1976-77 *História d'O rei degolado nas caatingas do sertão: As infâncias de Quaderna.* Publicado em *Diário de Pernambuco,* seção Folhetins Dominicais, Recife, de 2 mai 1976 a 19 jun 1977.

## ENSAIO

*Ferros do Cariri: uma heráldica sertaneja.* Recife, Guariba, 1974.

*O movimento armorial.* Recife, Universidade Federal de Pernambuco/Editora Universitária, 1974.

*Iniciação à estética.* Recife, Universidade Federal de Pernambuco/Editora Universitária, 4ª ed. 1996.

## ADAPTAÇÕES PARA CINEMA E TV

### *Auto da Compadecida*

*A Compadecida.* Adaptação de Ariano Suassuna e George Jonas. Direção de George Jonas. 1969.

*Os Trapalhões no Auto da Compadecida.* Adaptação de Ariano Suassuna e Roberto Farias. Direção de Roberto Farias. 1987.

*O auto da Compadecida.* Microssérie em quatro capítulos. Adaptação de João e Adriana Falcão. Direção de Guel Arraes. Rede Globo de Televisão, 1998.

*O auto da Compadecida.* Adaptação de João e Adriana Falcão. Direção de Guel Arraes. 2000.

### *Uma mulher vestida de sol*

*Uma mulher vestida de sol.* Especial em um capítulo. Adaptação de Ariano Suassuna. Direção de Luiz Fernando Carvalho. Rede Globo de Televisão, 1994.

### *Farsa da boa preguiça*

*Farsa da boa preguiça.* Especial em um capítulo. Adaptação de Ariano Suassuna e Bráulio Tavares. Direção de Luiz Fernando Carvalho. Rede Globo de Televisão, 1995.

### *O santo e a porca*

*O santo e a porca.* Adaptação de Adriana Falcão. Direção de Maurício Farias. Rede Globo de Televisão, série "Brava Gente", 2000.

### *Romance d'A Pedra do Reino*

*A Pedra do Reino.* Microsséire. Adaptação de Luiz Fernando Carvalho, Bráulio Tarvares, Luís Alberto de Abreu. Direção de Luiz Fernando Carvalho. Rede Globo de Televisão, 2007.

# Fontes

Para a criação deste livro tivemos muitas colaborações. Uma das mais preciosas foi uma longa conversa com Ariano Suassuna, que nos recebeu em sua casa, no Recife, numa tarde de outubro de 2006. Conversa que seguiu noite adentro. Além dela, mais recente e especialmente voltada para o livro, contamos também com uma série de entrevistas formais e muitas outras conversas informais entre uma de nós, Adriana, e Ariano, proporcionadas pela longa relação de trabalho e, sobretudo, de amizade e afeto entre os dois.

Salvo indicação em contrário, todas as citações provêm dessas conversas. O comentário sobre a literatura como festa, no final do livro, vem de artigo de Ariano publicado na coluna "Almanaque armorial brasileiro", na *Folha de S. Paulo* em 10 de julho de 2000; e a passagem logo em seguida é do seu *A história do amor de Fernando e Isaura*. Também consultamos diversos livros e artigos sobre o escritor, além da própria obra de Suassuna. Dentre estes destacamos os seguintes:


*Ariano Suassuna*, série "Cadernos de Literatura Brasileira", nº 10. São Paulo, Instituto Moreira Salles, nov 2000.

*Gilvan Samico*, coleção "Artistas do Mamam". Prefeitura do Recife.

MORAES, Maria Thereza Didier de. *Emblemas da sagração Armorial*. Recife, Ed. Universitária da UFPE, 2000.

NEWTON JÚNIOR, Carlos. *O circo da onça malhada: iniciação à obra de Ariano Suassuna*. Recife, Artelivro, 2000.

_______. *O Pai, o exílio e o reino: a poesia armorial de Ariano Suassuna*. Recife, Ed. Universitária da UFPE, 1999.

NOGUEIRA, Maria Aparecida Lopes. *O cabreiro tresmalhado*. São Paulo, Palas Athena, 2002.

SANTOS, Benjamin. "Por uma história do teatro popular do NE", *Diário de Pernambuco*, 2 jun 1980.

SUASSUNA, Ariano. *Iniciação à estética*. Rio de Janeiro, José Olympio, 6ª ed. 2004.

_______. *Poemas*. Seleção, organização e notas Carlos Newton Júnior. Recife, Ed. Universitária da UFPE, 1999.

_______. *Na Academia Brasileira de Letras*. Pernambuco, Companhia Editora de Pernambuco, 1990.

# CRÉDITOS DAS ILUSTRAÇÕES

Acervo Fundação Joaquim Nabuco – Recife: p.12, 14, 19, 39, 45, 67, 75, 79, 81, 84

Acervo pessoal Ariano Suassuna: p.13, 17, 20, 21, 23, 66 (*esq.*), 74, 80, 92-3, 94, 113

Acervo pessoal das autoras: p.97, 98

Eduardo Queiroga e Geyson Magno/ Ag. Lumiar: p.1, 3, 30, 32, 43, 47, 66 (*dir.*), 102, 103, 104, 105, 106, 108, 109, 119

J. Borges: p.53;

Todos os esforços foram feitos para identificar as fontes das imagens aqui reproduzidas. Estamos prontos a corrigir eventuais falhas ou omissões em futuras edições.

Este livro foi composto em Daily News e Beam e impresso pela Geográfica Editora em abril de 2007.